Contribution à la théorie du baiser

Coordination éditoriale : Anne-Charlotte Sangam

Tél. : 01 44 73 80 00. Fax : 01 44 73 00 12. E-Mail : contact@autrement.com
ISBN : 978-2-7467-3047-2
www.autrement.com

Alexandre Lacroix

Contribution à la théorie du baiser

Essai

Éditions Autrement

À tous les tendres amants

« J'ai maintenant assez longuement fréquenté la confrérie des fiancés et il me faut en tirer quelque profit. J'ai donc songé à rédiger mes notes dans un ouvrage intitulé : *Contribution à la théorie du baiser,* dédié à tous les tendres amants. Il est du reste curieux qu'il n'existe pas un seul traité sur la question. Si jamais j'achève cette étude, je comblerai une lacune longtemps ressentie en littérature. Viendrait-elle de ce que les philosophes négligent le sujet, ou n'y entendent rien ? »

Søren Kierkegaard, *Journal du séducteur*

Avant-propos

Un soir de décembre, ma femme s'approcha de moi et me fit un reproche que j'avais déjà entendu maintes fois dans sa bouche : « Tu ne m'embrasses pas assez ! me dit-elle. Tu es aride. Mais pourquoi est-ce que tu ne penses jamais à me prendre dans tes bras, juste pour me donner des baisers ? » Comme d'habitude dans ces cas-là, je me contentai de hausser les épaules.

Mais un peu plus tard dans la soirée, alors qu'elle était partie dormir et que je passais quelques heures à mon ordinateur, j'ai tapé une suite de réflexions sur le baiser, qui forme le premier chapitre de ce livre. J'avais, en effet, envie de faire le point – et quand on n'y voit pas clair, rien de tel que d'écrire. Où en étais-je avec le baiser ? Qu'y avait-il dans ce geste si simple qui me le faisait paraître inutile ou difficile ? Le lendemain, en me relisant, j'ai senti que j'avais touché un sujet plus profond qu'il n'y paraissait au départ – j'avais en tête plus d'interrogations que de réponses. Au cours des mois qui suivirent, j'ai passé de nombreuses heures, la nuit, à étudier le sujet, à me replonger dans tous les passages que les écrivains et les savants ont consacrés au baiser, ou encore à visionner sur Internet des peintures, des extraits de films et des photos d'amoureux s'embrassant, inlassablement, afin d'essayer de percer le mystère.

Ces recherches, ou plutôt ces errances nocturnes dans les livres et sur la Toile, se sont révélées plus longues que prévues, assez éprouvantes parfois, tant le sujet est riche, mais elles m'ont amené à deux conclusions (seule la seconde est d'une quelconque utilité pour mon couple, d'ailleurs). La première, c'est qu'il est possible et même légitime de parler d'une « théorie du baiser ». Chaque époque de l'histoire occidentale a été dominée par un type de représentation du baiser cohérent, articulé, bien qu'il se présente de manière éclatée sur différents supports, et qu'il faille donc se livrer à un patient travail de reconstitution pour en saisir la signification d'ensemble. On peut ainsi retracer l'évolution de la théorie du baiser et tenter de lui donner des prolongements contemporains. Deuxième conclusion de l'enquête : il y a bel et bien de bonnes raisons d'embrasser – ce n'est pas simplement un chichi sentimental.

Au final, j'ai beaucoup hésité quant à la manière de présenter les résultats de mon enquête. La matière première récoltée étant abondante, j'aurais pu choisir d'écrire un essai savant ou, au contraire, de laisser de côté les références pour ne proposer qu'un récit subjectif et personnel sur le baiser. Mais j'ai préféré faire les deux à la fois, c'est-à-dire alterner les souvenirs intimes et les réflexions plus documentées. Le but ultime de la démarche restant paradoxal, puisqu'il s'agit de mettre un peu de science dans la vie amoureuse. Afin de l'augmenter.

I

Le baptême du feu

Voici une bouche.

Avec ses molaires plombées, sa langue aux papilles violacées ou poudreuses, la salive qui la baigne, la peau tendue des lèvres évoquant deux paresseux limaçons.

Seulement, vous vous approchez pour l'embrasser et une transfiguration a lieu. Oublié, le peu ragoûtant spectacle de viande. La bouche est maintenant le point où se concentre l'expressivité du visage, comme un écho discret au trouble qui envahit les yeux, mais en plus frémissant, en plus suave.

Telle est la *magie du baiser*. Inutile d'être une jeune fille ou un saint, nul besoin d'en appeler à la transcendance pour éprouver, dans cet acte si simple, que *l'esprit envahit la chair*. Aussi longtemps que dure cet instant suspendu, la vie organique est comme mise entre parenthèses, les émotions affleurent sous la peau, l'animal devient dieu. Si j'étais chrétien, je comparerais la chose à l'Eucharistie ou au mystère de l'Incarnation. Mais ces indications sont superflues et risquent à ce stade d'égarer l'attention.

Miraculeux, le baiser est aussi franchement banal. Il est moins intense et moins recherché que l'étreinte ; on est content d'embrasser mais on peut s'en passer un certain temps sans sensation aiguë de manque ; il y a des baisers ennuyeux ou ratés ; et l'on peut faire sa vie sans problème avec quelqu'un qui embrasse mal. Le baiser transporte, mais jamais très loin de l'ordinaire. Sa magie est modeste, démocratique, pudique, rassurante – ce qui la rend d'autant plus ambiguë. Les philosophes et les psychologues ont dépensé des trésors d'intelligence pour comprendre ce qui se jouait dans le rapport sexuel, mais ont eu tendance à négliger le baiser comme un parent pauvre.

Admirables m'apparaissent, à cet égard, les secondes qui précèdent le contact des lèvres. Le visage se prépare pour embrasser : il se métamorphose à vue d'œil. On pourrait dire qu'il s'ouvre. Mais ce n'est pas tout. Au cours de ce bref laps de temps, deux ou trois secondes maximum, un certain désordre se manifeste. Les proportions entre les sourcils, la pointe du nez, les fossettes, le menton ne sont plus si bien réglées. L'harmonie préétablie vacille. Ça bouge. Comme une boule à neige dont les flocons s'envolent quand on la secoue, le visage va devoir se recomposer. Et c'est dans la sérénité du baiser que cette remise en ordre aura lieu, les paupières closes le plus souvent. Pendant que les lèvres et les langues se touchent, l'expression s'immobilise en une statuaire. Un instant éventée, pulvérisée, l'identité s'agence de nouveau.

Avant l'acte sexuel, le visage se modifie aussi, mais de façon différente. Quels que soient la confiance ou le plaisir qui lient les partenaires, les regards sont toujours traversés d'une crainte ou d'une avidité, d'une crispation. Il y a tension, concentration des forces antagonistes juste avant la pénétration. Alors, l'amour et la séduction prennent des peintures de guerre. Le goût de la chasse, un subreptice instinct prédateur participent du coït. Le baiser n'implique pas les mêmes affects. Plus léger, il est débarrassé de ce voile de haine qui opacifie le regard sexuel. Dieu a inventé le chat pour que l'homme puisse caresser le tigre, dit le proverbe. De même, le baiser permet d'approcher sans danger le désir.

Et pourtant, comme il fait peur pour commencer ! Je me rappellerai toujours ce couloir du collège Jacques-Decour, ce vieux recoin parqueté et grisâtre empestant la souris morte, sous les combles, où j'ai pissé de trouille à treize ans, juste avant un rendez-vous avec une fille qui, j'en étais sûr, allait m'embrasser pour la première fois. Elle voulait sortir avec moi, c'était dans la poche. Ses copines me l'avaient confirmé. Mes potes nous blaguaient déjà. Mais il ne s'était encore rien passé. Moi, j'avais le ventre secoué, une nausée catastrophique, j'étais terrifié comme jamais. J'ai l'air de plaisanter en racontant la scène. Mais je nageais en plein drame passionnel. En sortant d'un cours, à l'interclasse, j'ai cherché un couloir tranquille, celui des salles de sciences physiques, pour soulager une envie si pressante que je ne pouvais même pas attendre d'aller jusqu'aux toilettes, en bas. Je m'en souviens, une flaque d'urine coulait entre mes baskets. Cette fille allait s'emparer de moi, me vampiriser et j'allais peut-être rendre l'âme – qui sait ?

Transi de honte et de terreur, je me suis retrouvé un peu plus tard face à elle dans la cour. Elle avait de gros seins, assez pour qu'ils paraissent vraiment pneumatiques sous sa doudoune. Cette poitrine était une véritable torture pour l'ado inflammable que j'étais. Une frange blonde, des cheveux longs, un nez en trompette – euh, pardon, mutin. Elle m'impressionnait. Hélas, j'ai dû bredouiller, donner de moi une image minable et ridicule. Elle ne m'a pas roulé une pelle ce jour-là. Ni aucun autre. J'avais pissé pour rien. Qu'ai-je bien pu dire pour lui déplaire ? Elle ne m'a plus adressé la parole, et j'ai dû patienter longtemps, un an encore, à pincer mes boutons d'acné en m'inspectant mélancoliquement dans le miroir de la salle de bains, avant d'avoir un autre ticket.

C'est sur un ferry-boat, entre Calais et Douvres, que j'ai enfin été déniaisé. Cette fois-ci, pris de court, je n'ai pas eu le temps de paniquer. J'appartenais à un groupe d'adolescents en partance pour un séjour linguistique dans des familles anglaises. C'était mon premier voyage sans autorité parentale. Sur ce bateau, il y avait une salle de disco. On dansait sur l'étroite piste, entre les machines à sous et le bar, sous une boule à facettes. Une fille un peu plus âgée, coupe au carré, très brune, les yeux verts, est venue vers moi, très décidée. Elle m'a asséné : « *I want a kiss.* » J'ai fait celui qui ne comprenait pas, elle s'est fâchée. Les taches de rousseur de son visage ont pris une coloration plus soutenue : « *Give me a kiss... a long one.* » J'ai obtempéré. Tout le monde nous observait. Je n'avais aucune connaissance pratique mais, comme je voulais être à la hauteur du défi, je l'ai embrassée très, très longtemps.

Nos langues tournaient l'une autour de l'autre. C'était bon. Je pouvais pendant ce temps-là glisser une main sous son chemisier soyeux, palper les plis de son ventre, le duvet le long de sa colonne vertébrale, les attaches de son soutien-gorge ; elle se laissait faire. Nos respirations, à force de rester collés l'un contre l'autre, nous mouillaient complètement le bas du visage. Nous étions en sueur, mais toujours en rythme. Le cercle de spectateurs s'élargissait progressivement.

Combien la performance a-t-elle duré ? Une demi-heure ? Nous n'avons stoppé qu'au moment où ont retenti les sirènes annonçant l'arrivée au port. Après m'être décollé de cette étrangère, dont le prénom ne me revient pas (Carol ?) et avec qui je n'ai pas échangé une seule parole après coup, j'étais dans un état somnambulique. Elle m'avait donné un baiser à réveiller les morts, ou plutôt – cela revient au même – à endormir les vivants.

Bien sûr, il y avait eu quelques smacks de récré, des petites amoureuses auparavant, à l'école primaire. Mais cela ne compte pas. Si les débuts de la sexualité marquent l'entrée dans l'âge adulte, le premier baiser véritable, consciemment érotique, avec entrelacement des langues, demeure un rite de passage majeur, que n'entament pas les brouillons infantiles. Il marque le seuil de l'adolescence. Après, les histoires de cœur seront la grande affaire de l'existence. Le premier *french kiss* inaugure la vie sentimentale et brise le solipsisme bienheureux de l'enfant. Il y a le stade du miroir ; avec cet autre événement, on passe de l'autre côté du miroir. On ne se satisfait plus d'un reflet, il faut désormais le regard de l'autre pour se reconnaître et s'aimer. On pénètre dans le monde de l'attraction et des faux-semblants.

Si l'acte sexuel est un point, le baiser est une virgule. Une respiration dans la phrase.

Mais combien de temps faire durer cette respiration ? La durée du rapport sexuel réussi est assez rigoureusement définie. Ce n'est pas tant une question de chronomètre, d'ailleurs, que de progression dramatique. Trop court, c'est l'échec. Trop long, cela devient du *sport*, une quête du dépassement marrante de temps à autre, d'accord, mais incompatible avec la rondeur de la perfection. L'un des partenaires risque de se lasser avant l'autre, introduisant un hiatus dans l'accouplement, source de maladresses et de simulations...

Quant à la durée du baiser, autant dire qu'elle est vague. La caresse des lèvres est enveloppée d'une sorte de brume temporelle. Le baiser est un moment sans contour. S'il finit, il peut reprendre aussitôt, autant de fois qu'on le souhaite, sur le mode du *fondu enchaîné*. Peu d'activités sont nimbées d'une telle indétermination. Celle d'écrire peut-être ? Ou de peindre ? Combien de temps faut-il pour coucher sur le papier une phrase ou poser une touche sur la toile ? Mais ces comparaisons artistiques appartiennent à un registre trop élevé, qui fait manquer le fond de l'affaire. Combien de minutes faut-il, la nuit, pour qu'un rêve s'agence dans notre cerveau ? La durée du baiser est aussi insaisissable que celle du rêve.

Il n'y a qu'une circonstance où le baiser paraît trop long : quand l'autre est suspect de le faire durer pour éluder un rapprochement sexuel dont il n'a pas envie.

Très court, réduit au minimum, le baiser à l'inverse devient simplement utilitaire : il sert à dire au revoir le matin, avant de partir au bureau, ou à signifier le retour au foyer après la journée de travail. Mais alors, ce n'est qu'un simple compostage.

Ainsi, la durée idéale du baiser se situe quelque part entre la lâcheté et la politesse, entre le procédé dilatoire et la sèche convention. On ne s'embrasse qu'aussi longtemps qu'on est capable de se donner.

C'est peut-être parce qu'ils sont mal découpés dans le temps que les baisers sont par nature volatils et ne s'impriment pas dans la mémoire. Pour ma part (mais s'agit-il d'un biais personnel ?), il est très peu de baisers dont je garde un souvenir net, une image précise et qui ne se mêle pas à d'autres.

En bas des marches qui relient le port à la ville de Fira, sur l'île de Santorin en Grèce, j'ai échangé à quinze ans un assez long baiser avec ma petite amie, une Eurasienne aux larges paupières voluptueuses. Si ce baiser est encore présent à mon esprit, intact, c'est surtout qu'il faisait, au début de ce mois d'août, vers midi, une chaleur crucifiante. Nous nous tenions en plein soleil. La roche volcanique de la falaise et des marches était chauffée à blanc. Il n'y avait personne pour se risquer dans ce lieu sans ombre, en fin de matinée. À cette époque, le tourisme de masse n'avait pas pris les proportions actuelles, et les paquebots de luxe qui vomissent chaque jour leurs milliers de croisiéristes sur l'île pendant la haute saison n'existaient pas. Nous étions donc seuls. Nous nous étions aventurés jusqu'à la mer par hasard. La ville blanche dansait, loin au-dessus de nous, dans les mirages de la fournaise. Et nous faisions durer indéfiniment le tournoiement de nos langues.

Légitimistes comme tous les adolescents en la matière, nous croyions nécessaire de suivre une règle pour bien embrasser. Il fallait donc qu'il y ait du roulement, de l'action, et nous nous y appliquions fiévreusement. Nous n'étions pas amoureux. Nous n'avions pas d'estime l'un pour l'autre. La mer était comme une plaque de métal blanchie. Le ciel sans nuages offrait un espace de déploiement illimité aux rayons du soleil. C'est à peine si une vapeur salée, des bruits discrets de clapotis montaient jusqu'à nous. Ce qui nous plaisait alors, c'était de supporter jusqu'à l'intolérable la station immobile dans un four.

J'ai aussi quelques souvenirs, à la même époque (l'hiver d'avant ou d'après), de baisers par grand froid. J'ai par exemple embrassé une spasmophile, une Kabyle à la peau de lait, aux yeux bleus, d'une beauté redoutable, sur une plage, dans un bunker désaffecté. Nos doigts étaient glacés comme des stalactites, nos caresses engourdies et douloureuses d'onglée. Elle avait un corps maigre, diaphane, vibrant d'intensité. Sa respiration peinait dans l'air gelé, manquait de se briser à chaque reprise. C'était un baiser de verre, loin, très loin du feu de Santorin. Il y eut également, peu après, une Jeanne à qui je fixais des rendez-vous dans un square. Nous nous cachions sous les ramures d'un arbre bas, au feuillage dense. On passait de longues minutes sur la terre durcie, blottis l'un contre l'autre, à s'embrasser sans relâche pour oublier le froid qui mordait les mollets, le ventre, les oreilles. Finalement, été grec ou nuit de février, c'est surtout le *climat* de ces baisers que je me rappelle, ainsi que le parfum de clandestinité qui flottait autour des amourettes de cet âge. Les baisers en eux-mêmes, quel goût avaient-ils ? Je ne saurais le dire. Le baiser est le voleur idéal, qui ne laisse pas de traces derrière lui. Dans la mémoire ne reste qu'un lieu signé d'une effraction. Le geste lui-même s'est évaporé.

Quand j'y repense, l'anxiété de l'adolescent à l'égard des *aspects techniques* du baiser est extraordinaire. On prend conseil auprès des copains, on se fait réexpliquer inlassablement certains détails par les aînés, les bienheureux déniaisés. Comme le cycliste qui vérifie obsessionnellement la pression des pneus, l'orientation de la selle, l'état des pignons et le réglage des dérailleurs avant la course, c'est sur la dimension matérielle du problème que se concentre l'attention du baiseur en herbe.

S'il fallait donner des éclaircissements sur ce point, disons qu'il y a principalement quatre méthodes à disposition. Les adolescents ont tendance à privilégier la technique du *tambour,* à enrouler énergiquement leurs langues l'une autour de l'autre. Les plus consciencieux accomplissent ce mouvement toujours de la même manière ; les imaginatifs changent de temps à autre le sens de rotation. Pourquoi cette approche du baiser convient-elle aux débutants ? Peut-être parce qu'elle a un côté démonstratif. Ou parce que les rôles ne sont pas définis, grâce à ce procédé : personne n'a l'ascendant, l'élément masculin et l'élément féminin obéissent à la même règle, sens dessus dessous. L'adolescence est elle-même un genre de centrifugeuse, un stade de l'existence où les sentiments tournoient et ne se fixent guère ; ce type de baiser en fournit comme une équivalence. Cela dit, à l'âge adulte, se livrer à un bon gros palot vigoureux comme dans l'ancien temps produit un effet comique : à parodier l'entrain des débutants, on crée un effet de distanciation théâtrale, embrasser devient juste un jeu.

Plus mature, plus sophistiquée est d'après ma typologie la technique du *pinceau,* où les langues s'activent sans esprit de système, par incursions légères, pressions imprévues, touches capricieuses déposées ici et là. Cette méthode a l'avantage de donner l'impression d'une totale absence de méthode, donc d'une immédiateté, d'une spontanéité bienvenues dans la recherche du contact. Elle a aussi un côté furtif, partiel, hésitant qui peut lasser – son style est pointilliste, quand le tambour relève du genre pompier. En pratiquant l'approche en pinceau, l'adulte révèle aussi sa méfiance, que lui a inculquée l'expérience : oui, il est prêt à se glisser dans l'autre, mais redoute de s'y trouver pris au piège. C'est pourquoi il use de ménagements et de prudence, de titillations qui n'engagent guère, comme une souris qui tenterait de décrocher le morceau de fromage fiché sur le clou de la tapette sans se laisser prendre. Simpliste, l'adolescent est fonceur, tandis que le baiser adulte tient franchement de l'esquive.

Par moments, la langue peut aussi se faire plus féroce, plus dure et plus musculeuse dans son obstination à pénétrer dans la bouche de l'autre. C'est ce que j'appellerais la technique du *bâton.* Le but est d'introduire une raideur, un simulacre de pénétration dans la mièvrerie émolliente du baiser. Là encore, la parodie et l'effet de distanciation ne sont pas bien loin. Mais c'est une jolie manière de faire passer le message. Le bâton signale que le baiser ne peut être une fin en soi, qu'il est la répétition ou l'ébauche d'un rapport sexuel à venir. C'est aussi un test. Suivant la manière dont l'autre l'accueille, la suite des événements se laisse deviner.

Moins orientée et moins voluptueuse est enfin la technique de l'*endoscope,* qui consiste à explorer avec une minutie quasi scientifique la bouche de l'autre. Au passage, cela permet d'en découvrir les parties négligées par le baiser classique : les ridules du palais, le doux renflement des gencives, la falaise imposante des molaires, le frein de la langue et la pulpe des joues. C'est un peu comme si on voulait jouer au docteur en s'embrassant. La curiosité y trouve son compte, sans parler de l'étrange plaisir qu'on prend à être soi-même objet de l'inspection.

Chacune de ces techniques peut bien évidemment être accompagnée de mordillements, voire de morsures – mais ces dernières sont plutôt comme des épices, dont il faut contrôler le dosage. Du reste, tout le monde ne donne pas de coup de dents durant les baisers, c'est même plutôt rare. Voici peut-être une explication : le baiser est déjà en lui-même une technique de neutralisation de l'instinct qui porte l'animal à la dévoration et au dépeçage. Toute la saveur de cet acte provient de ce qu'il sublime un premier élan carnivore. Par définition, le baiser n'a de sens que comme *morsure refrénée.*

À trop insister sur la technique du baiser, on risquerait pourtant de le réduire à une affaire de maîtrise. Or, la connivence, dans ce domaine comme dans tous les autres secteurs d'activité humaine, s'établit moins à l'occasion d'un parfait déroulement des opérations qu'à la faveur des incidents, des imprévus, des arrêts qui surviennent en cours de route. De la part de robots, on serait en droit d'attendre une efficacité impavide, une rigueur automatique dans l'activation des divers muscles de la muqueuse buccale. Mais auriez-vous envie d'offrir votre bouche à une machine programmée pour vous gratifier du *baiser médian idéal,* celui-là même dont il est statistiquement prouvé qu'il plaira au plus grand nombre ?

Vous connaissez ce quiproquo bien connu qui se produit souvent dans la rue : deux passants, en cherchant à s'éviter, se portent du même côté, tantôt à gauche, tantôt à droite, et finissent par se sourire tant la situation ressemble à une scène de cinéma muet, avant de parvenir à se croiser. De même, il arrive que les bouches se loupent à répétition. Ou bien, l'un des amants met fin au baiser quand l'autre voulait continuer, dont la bouche reste un instant suspendue, cherchant encore, la langue palpitant comme un hameçon dans le vide. Il y a la toux irrépressible qui survient en hiver, ou le rire, ou la salive qui a coulé sur le menton et qu'il faut essuyer juste après. De toute façon, c'est moins la perfection du palot qui émeut que la vulnérabilité de l'autre, l'entrain sincère avec lequel il surmonte les embarras techniques. Le ratage est beaucoup mieux toléré en matière de baiser que dans l'acte sexuel : car on y attend moins une performance qu'une manifestation des sentiments.

Et puis, il y a la respiration. On n'en parle jamais. De toute évidence, le coït est un grand opéra du souffle. Les respirations des partenaires s'y amplifient progressivement, jusqu'à occuper tout l'espace sonore. Elles deviennent plainte, appel, gémissement, réponse – exhibition des cordes vocales, explosion des cages thoraciques, parade pulmonaire. Impossible de pousser l'autre jusqu'à la jouissance, de trouver le tempo adéquat, si l'on n'est pas attentif à l'alternance de ses inspirations et de ses expirations, si l'on ne vient pas se lover dans les modulations de son diaphragme.

Par comparaison, le baiser est au souffle coïtal comme une petite musique de chambre, un genre mineur, un art de l'étouffement. Embrassant, on ne respire plus que par le nez, à peine. C'est presque de l'apnée. Le courant d'air que l'on fait entrer en soi est mince, qui impose au corps une quasi-immobilité, une décontraction langoureuse. Si la limite du sexe est l'essoufflement, l'horizon du baiser est l'asphyxie.

Il m'aura fallu du temps – des années, en fait – avant de découvrir qu'on pouvait tout de même déroger à la règle en inspirant violemment par la bouche de l'autre, en allant chercher l'air pour ainsi dire au bout de son nez, par effet de pompe.

Étrange expérience de la substitution : tout à coup, j'ai l'impression d'avoir été greffé sur un autre appareil respiratoire, mon corps est le prolongement d'un autre visage. Successivement nous aspirons l'air chacun à travers la tête de l'autre, et nous devenons siamois. Cette fois, nous ne ressemblons pas à des chanteurs qui, dans un duo passionné, se donnent la réplique – c'est plutôt comme si nous avions échangé nos voix. L'acte sexuel met deux souffles en concurrence, le baiser permet parfois de les troquer... Même si, reconnaissons-le, c'est là une variation un peu sophistiquée, qui ne peut guère avoir valeur que d'expérimentation, de fantaisie occasionnelle.

Il arrive aussi qu'un rideau de cheveux ondule, qui protège des regards indiscrets. La pénombre de la chevelure, où filtre une lumière mouvante, recrée autour des amants des mondes en miniature. Elle véhicule des arômes, tabac, shampoing, parfum et, en sourdine, cette évocation plus musquée du cuir, de l'intimité. Bien sûr, le dessin et la texture des lèvres, selon qu'elles sont fines, protubérantes ou épaisses comme des édredons, jouent un rôle dans le baiser. Ainsi que la forme et l'agilité de la langue. Mais, parmi les données physiques les plus propices à la volupté du bouche-à-bouche, il y a l'abondance, le poids et les teintes olfactives des cheveux, sous lesquels les amants se retrouvent enfin seuls et délivrés des perturbations extérieures, comme dans une chambre.

Remarquons encore cette évidence, et ce n'est pas un détail, que dans la bouche, *il y a des dents*. Le sexe de la femme est tout entier chair, humidité et méandres, c'est un antre tiède qui dure autant que la vie, malléable et fluctuant comme elle. En tout cas, il flétrit et se gâte aussitôt après la mort. Les dents, non. Les dents appartiennent au corps immortel, à la structure imputrescible que nous portons en nous, comme le squelette. Le baiser n'est donc pas seulement une épiphanie de la viande, c'est également une prise de contact avec le crâne de l'être aimé. Il relie deux futurs cadavres, provisoirement gantés de peau.

Voilà qui explique cette curieuse réticence qu'on éprouve à s'en aller caresser les dents du bout de la langue, tandis qu'on embrasse. On préfère les oublier, les laisser pour compte. Lorsque les incisives s'entrechoquent, c'est toujours interprété comme une bévue, un faux mouvement qui s'accompagne d'un sourire de gêne. Rappel du froid et de la dureté de la mort au sein de l'intimité chaude de l'être, les dents confèrent au baiser une saveur d'outre-tombe.

II

Un cadeau-surprise du pape

Mais d'où vient cette étrange coutume ? Pourquoi nous embrassons-nous ? Les origines historiques du baiser sont franchement obscures, et l'ignorance que nous en avons alimente nombre de légendes. Ainsi, d'aucuns n'hésitent pas à prétendre que le baiser est antérieur à l'homme et qu'on en trouve des équivalents chez les animaux : les amants imiteraient sans le savoir les jeux de becs des oiseaux en rut ou encore le comportement des mères bonobos qui donnent des aliments mâchés à leur progéniture au bouche-à-bouche. Quelques zoologues vont plus loin, enjambant d'un saut rapide toutes les étapes de l'évolution, pour affirmer que les limaçons ou même les fourmis frottant leurs antennes s'embrassent.

Si on laisse de côté ces allégations fantaisistes autant qu'invérifiables, et qu'on s'en tient aux premières traces historiques avérées du baiser, ce dernier semble remonter à la haute Antiquité. Certains bas-reliefs sur des temples indiens représentent des baisers datant de trois mille ans. Dans le *Cantique des cantiques,* livre le plus sulfureux de l'Ancien Testament, compilé au IVe siècle avant notre ère, la femme exhorte son amant : « Donne-moi un baiser de ta bouche ! » Quant aux poètes grecs, ils connaissent eux aussi le baiser mais en font un usage modéré, à l'instar d'Anacréon qui, au détour d'un portrait de jeune fille, vante ses lèvres « où repose la persuasion et qui appellent le baiser ». Ces occurrences éparpillées dessinent comme un sillage d'écume pâle dans la nuit des civilisations anciennes. On ne peut rien affirmer de très net à son sujet, sinon que le baiser amoureux est connu depuis longtemps par les peuples indo-européens et sémitiques.

Et ailleurs ? L'étendue géographique couverte par la pratique du baiser est, elle aussi, mal délimitée. Hélas, il n'existe pas d'études systématiques examinant sa présence dans les autres cultures. Manquant de ressources, j'ai contacté quelques anthropologues pour leur poser des questions là-dessus. L'un d'entre eux m'a répliqué aimablement que sa discipline ne comptait guère que quelques centaines de chercheurs de par le monde, et que ces hommes préféraient s'occuper de sujets plus sérieux.

Une certitude se dessine néanmoins : la pratique n'est pas universelle et, avant la récente mondialisation, de nombreuses cultures ignoraient tout du baiser (ce qui donne tort, au passage, à ceux qui voient dans ce geste le simple prolongement d'un comportement animal). Dans le récit de son voyage autour du monde publié en 1772, Louis Antoine de Bougainville s'émerveille de la liberté des mœurs de Tahiti, fournit un certain luxe de détails sur les amours locales, mais ne mentionne nul baiser. Explorant l'Afrique équatoriale dans les années 1870, l'explorateur anglais Samuel White Baker relève l'absence du baiser et précise que dans certaines tribus, on se lèche les yeux pour témoigner sa tendresse. « Au Japon, le baiser est tout à fait inconnu comme marque d'affection », affirme l'écrivain irlandais Lafcadio Hearn, qui y séjourne dans les années 1890 – tout au plus s'agit-il d'une pratique strictement réservée aux jeux érotiques, comme en Chine. Chez les Amérindiens, le baiser paraît inconnu ; mais Paul Hyades et Joseph Deniker, dans leur *Mission scientifique du cap Horn 1882-1883*, rapportent que les habitants de la Terre de Feu se frottent mutuellement les joues.

À l'inverse, l'Europe ignore un usage qui semble avoir été répandu dans plusieurs parties du monde, notamment en Laponie, chez les Iakoutes de Sibérie et en Chine : le *baiser olfactif.* Ce dernier consiste à poser son nez sur la joue de la personne aimée et à inspirer longuement de l'air pour la respirer, tout en fermant les paupières.

Toutefois, il faut être extrêmement prudent lorsqu'on essaie d'interpréter ces données brutes de l'observation. Car il est bien possible, comme le soutient un des anthropologues avec lesquels je me suis entretenu, que ce que nous pensons sous les catégories de « sexualité » ou de « baiser » n'ait tout simplement aucun équivalent en dehors de notre culture. Et l'anthropologue de me donner un savoureux exemple pour étayer cette affirmation : en Nouvelle-Guinée, lors de certains rites, les hommes de la tribu se gratifient entre eux de fellations. À première vue, un Européen dirait qu'il s'agit d'un cas manifeste d'« homosexualité ». Erreur ! Dans cette contrée, la semence masculine est considérée comme une nourriture à la fois vitale et sacrée. Le but de l'opération est donc exclusivement nutritionnel, et le geste n'a guère plus de portée sur le plan de l'« identité sexuelle » que, dans nos contrées, de dévorer une côtelette d'agneau à Pâques. C'est pourquoi, quand nous sommes tentés d'interpréter une démonstration de tendresse impliquant le nez ou la bouche dans une culture non occidentale comme un baiser, nous risquons de plaquer nos préjugés sur une réalité distincte de la nôtre.

Pour s'en tenir, donc, aux gestes qu'on peut étudier car nous possédons à leur sujet une documentation ample et satisfaisante, c'est seulement sous l'Empire romain qu'une codification précise des usages sociaux du baiser va voir le jour. Les Romains différenciaient trois manières de s'embrasser, liées chacune à des relations spécifiques et désignées par des termes distincts. Il y avait ainsi le *basium* – contact des lèvres sans intromission de la langue –, qui s'échangeait entre membres d'une même famille, par exemple entre père et fils. Venait ensuite l'*osculum,* qui se donnait entre pairs, membres d'une même corporation ou d'un même ordre social, et qui valait aussi comme marque de respect. Enfin les Romains ne dédaignaient pas le *suavium,* baiser langoureux et lascif se donnant la bouche ouverte.

Loin de réprouver ces coutumes, les chrétiens des premiers âges les adoptèrent avec enthousiasme. Ils y étaient d'ailleurs explicitement invités par Paul de Tarse, qui déclare, dans son *Épître aux Thessaloniciens* : « Saluez tous les frères par un saint baiser » (V, 26). Un conseil qu'il réitère à la fin de l'*Épître aux Romains* : « Saluez-vous les uns les autres par un saint baiser. Toutes les Églises de Christ vous saluent » (XVI, 16). Rien de tel, évidemment, pour déchaîner les mauvaises langues : les premières sectes chrétiennes acquirent rapidement la réputation d'être des lieux de débauche, car on y voyait des jeunes gens des deux sexes, qui ne se connaissaient pas et n'appartenaient pas à la même classe, s'embrasser sur la bouche à tout bout de champ. Non seulement les chrétiens s'appelaient entre eux « frère » et « sœur », mais ils prétendaient se donner le *basium* réservé au cercle familial ; ces détournements des conventions alimentaient les soupçons. Il semble que ces rumeurs scandaleuses enflèrent tant qu'à l'aube du XIIIe siècle, le pape Innocent III, de guerre lasse, dut abolir l'usage du baiser – dans l'Église catholique, cet usage survécut, mais sous des formes indirectes et exemptes de toute connotation érotique : ainsi continua-t-on à baiser la mule du pape, les anneaux des évêques ou les reliques des saints.

Mais la décision d'Innocent III fut bien plus qu'une simple mise en ordre des troupes : en libérant le baiser du quasi-monopole ecclésiastique, en l'expulsant hors de la sphère religieuse, il le rendait disponible pour la société civile. C'est donc à la Renaissance que le baiser, encore chargé d'une aura sacrée, a pu devenir la pierre angulaire de ce que nous appelons aujourd'hui l'amour. Pour que la pratique se répande chez les profanes, il était cependant nécessaire de l'investir d'un sens nouveau, d'en faire un rituel incontournable de l'intimité. Ironie du sort, ce travail de réappropriation du baiser ne fut pas accompli par des foules de jeunes amoureux n'écoutant que leur caprice, mais essentiellement par les poètes et les humanistes, au premier rang desquels Jean Second et Francesco Patrizi. Ces deux lettrés, la postérité a largement oublié leur nom – nous ignorons ce que nous leur devons. Pour leur rendre justice, c'est leur histoire que je vais raconter maintenant.

III

Et si mon âme venait à s'enfuir par ma bouche...

Il est mort à vingt-quatre ans. De l'amour, il n'aura connu que l'étincellement, les flammes claires que prodigue la jeunesse. Il était beau. Sur le principal portrait qu'on a conservé de lui, il a l'air d'un homme d'âge déjà mûr – le visage monté comme un échafaudage, le front puissant, une barbe brune fournie dissimulant la courbe encore rebondie de ses joues. C'est à la barbe qu'il doit cet aplomb viril. Ou au volume généreux de ses épaules et de son buste. Il a les yeux légèrement tombants vers la naissance du nez, le regard doux du type qui a pas mal roulé sa bosse.

Il portait un nom flamand, impossible à retenir. Jan Everaerts. Mais on l'appelait plus modestement « Second », car il était le deuxième garçon d'une famille nombreuse. Il était né dans le Nord, mais il eut le temps de passer un doctorat de droit à Bourges à vingt-deux ans, d'être secrétaire de l'archevêque de Tolède, puis de Charles Quint à la cour d'Espagne, d'accompagner l'empereur en mission à Tunis, avant de tomber malade. Il se jeta à corps perdu dans les bras d'une Julie, d'une Nééra, d'une Vénérilla – et de combien d'autres ! Car il aimait la séduction et les plaisirs sensuels, éprouvant pour les femmes des passions impérieuses. Il avait tous les dons. Sculpteur, il excellait dans l'art de graver les médailles. Poète, il trouva le souffle d'écrire des odes. Surtout, il composa une suite immortelle de dix-neuf poèmes en latin, les *Basia* (*Baisers*), avant de s'éteindre en 1536, dans un gros bourg des Flandres baptisé – comme par un fait exprès – Saint-Amand.

Si ce poète précoce et génial n'avait mis le feu aux poudres du XVIe siècle, l'histoire du baiser aurait été changée. Chez Jean Second, les baisers sont encore plus beaux s'ils sont rapides, retenus, comptés, si votre maîtresse les accompagne de rébellion, d'agacements, de mordillements, de négociations et de sauvagerie :

« Comme je réclamais
De ta suavité
La douceur d'un baiser
D'un vol léger ta lèvre a effleuré ma lèvre
Puis sitôt effrayée comme au froid d'un serpent
Ta bouche se reprend et se vole à ma bouche.
Lumière de ma vie cela n'est point baiser
Que d'offrir seulement
Le regret déchirant
De Baiser. »
(*Baiser III*)

Dans cette suite poétique, Jean chante les charmes de son amante Nééra, une blonde espagnole – tout comme lui, natif de La Haye, arborait une crinière noire d'hidalgo. Au *Baiser IX*, il pousse plus loin encore cette évocation de l'esquive suave, de l'indocilité féminine. « Si je te demande neuf baisers, retiens-en sept, ne m'en donne que deux », et encore, « secs et brefs » ainsi, explique-t-il à Nééra, il pourra la pourchasser, l'enlacer, la soumettre, avoir le délice de lui arracher les autres bécots en l'enchaînant, en lui entravant le cou. Les baisers ne valent que s'ils s'obtiennent à l'issue d'une lutte ardente.

Les œuvres complètes de Jean Second furent publiées quelques années après sa mort, à Utrecht, en 1541. Ronsard sortait alors de l'adolescence et il lut les *Basia,* fut fasciné par la légèreté élégante de Second, par ses images d'un registre relevé mais qui trahissent aussi une solide expérience érotique. Jamais depuis l'Antiquité un poète n'était parvenu à ce point à jouer sur un registre subtil et spirituel, sans pour autant perdre de vue la terre, la pesanteur des corps.

C'est à l'influence de ce tout jeune homme qu'on doit l'omniprésence des baisers dans *Les Amours* de Ronsard et, par effet boule de neige, chez la plupart des poètes de la Pléiade et de l'âge classique.

Il arrive souvent à Ronsard de paraphraser les *Basia* :

« Il est bien vrai que tu as coutume
D'entremeller tes baisers d'amertume
Les donnant cours. Mais quoy ? je ne pourrois
Vivre autrement, car mon âme, qui touche
Tant de beautés, s'enfuiroit par ma bouche
Et de trop d'aise en ton sein je mourrois. »

Cependant, il affiche tout de même une nette différence de tempérament avec son modèle. Car Ronsard est moins amateur de dérobades, de feintes et de fausses pudeurs, auxquels il préfère un abandon plus franc au plaisir :

« Las ! Revien, mon sucre dous
Sur mon sein, sur mes genous
Et de cent baisers apaise
De mon cœur la chaude braise.
Donne m'en bec contre bec
Or un moite, ores un sec

Or un babillard, & ores
Un qui soit plus long encor
Que ceus des pigeons mignars
Couple à couple frétillars. »

Mais attention ! Il ne faut pas trop se laisser aller ici à la musicalité de ces poèmes, à leurs images évocatrices. En réalité, nous ne les comprenons pas. Et il ne s'agit pas d'un problème de vocabulaire, d'archaïsmes, pas seulement. Pour le lettré de la Renaissance, il existe en fait un arrière-plan tout à la fois anatomique et métaphysique du baiser – celui-ci s'inscrit dans une vision du monde plus complète, que nous avons perdue. De ces poèmes, nous sommes capables de dire qu'ils sont réussis, cadencés ou inventifs. Nous pouvons décortiquer à loisir la forme. Mais il nous est beaucoup plus difficile de pénétrer jusqu'au cœur de l'expérience qu'ils décrivent. Nos baisers à nous, en ce début de XXIe siècle, ne mettent plus du tout en œuvre les mêmes présupposés ni les mêmes croyances. Si, à la Renaissance, on s'embrasse à bouche que-veux-tu (dans la belle société tout au moins), c'est aussi le fruit d'une conception du corps et de l'esprit qui n'a pas résisté à la poussée de la modernité.

Pour s'en convaincre, il faut lire un curieux dialogue philosophique intitulé *Il Delfino* ou *Du baiser*, que l'Italien Francesco Patrizi fit paraître en 1560, soit huit ans après *Les Amours* de Ronsard. Cet opuscule laisse deviner comment un humaniste du XVIe siècle concevait les enjeux du palot – rien à voir avec le quart d'heure américain sexy et baveux de nos boums d'adolescence, c'est le moins qu'on puisse dire.

D'après les quelques gravures que nous avons conservées de lui, Francesco Patrizi est le genre d'homme qu'on tremblerait d'avoir comme examinateur à l'oral du baccalauréat. Un visage comme aiguisé à la meule, une bouche mince, des yeux de rat fiévreux, il a surtout, au niveau des tempes, de très curieuses excavations, comme s'il s'était défoncé les os du crâne, enfant, en se frappant la tête à des coins de table. Patrizi, contrairement à Second, n'est pas de ceux dont le physique inspire la tendresse. Né sur l'île de Cherso, rebaptisée Cres et rattachée depuis à la Croatie, mais qui était alors vénète, Francesco portait sur les épaules le poids d'une lourde ascendance : son père, soupçonné de protestantisme, avait été condamné pour hérésie. Fils de paria donc, Francesco se retrouva très tôt livré à lui-même. Mais il manifesta des dispositions exceptionnelles. À en croire une lettre autobiographique qui nous est parvenue, il fit l'émerveillement de son maître d'école en apprenant à lire dès le premier jour de classe. Quelque temps plus tard, tombé par hasard sur une édition bilingue latin-grec de Xénophon, il s'initia à la langue grecque, « sans aucun guide ni aide ». C'est ainsi qu'il se fabriqua une érudition étrange, bigarrée, d'autodidacte, lisant les philosophes mais se passionnant aussi pour l'ésotérisme et les sciences occultes. Quant à sa carrière, elle l'amena à occuper les emplois les plus divers. S'il exerça d'abord dans le commerce et l'ingénierie, il s'imposa par ses écrits comme l'un des philosophes les plus brillants de son siècle et se vit confier la chaire de philosophie de l'université Sapienza de Rome (l'équivalent de notre Sorbonne) ; dans la Ville éternelle, il avait l'oreille du pape Clément VIII.

Parmi ces multiples activités, il en est une qui aura peut-être un impact sur sa théorie du baiser : Patrizi s'est en effet beaucoup intéressé à l'hydraulique. Dans sa lettre autobiographique adressée à Baccio Valori le 12 février 1587 (où il se raconte à la troisième personne et fait preuve, soit dit en passant, d'une insupportable vantardise), il explique comment, de retour d'un voyage à Chypre, « il s'occupa d'assainir un très gros village près de Famagosta, qu'on appelait Caloprida, dans une très belle campagne qui pâtissait d'un excès d'eau. Il fit des fossés pour la vider, et il canalisa les eaux hivernales, en les gardant pour arroser et semer de la ouate. » Il assainit également une propriété dite Matoni, dont toute l'eau allait se perdre « sous les pierres d'un torrent ». Attentif à la circulation des fluides, à leur drainage et à leur stockage, Patrizi était naturellement porté à s'inquiéter de leur bonne gestion au cours des câlins et des étreintes, comme nous allons le voir.

Venons-en donc à son opuscule, *Il Delfino*. Ce dialogue écrit dans un style naïf, imité de Platon, par un auteur alors âgé de trente et un ans, met en scène deux personnages autour d'un argument dramatique assez simple : un jeune homme, Delfino, débordant de questions, s'en va sur une île trouver un vieux sage qui y vit en retrait, et qui n'est autre que Patrizi lui-même. Curieux mais sans expérience, il veut interroger le philosophe sur la « douceur qu'on éprouve dans le baiser ». Pour une large part, Patrizi va répéter, au cours de leur échange, les thèses néoplatoniciennes qui connaissent alors une très grande vogue. Il reprend, dans de nombreux passages, le *Commentaire sur le banquet de Platon* de Marsile Ficin, ouvrage rédigé en 1469 à Florence et qui eut une énorme influence sur l'ensemble des penseurs et des artistes de la Renaissance.

Chez Ficin, Patrizi va chercher une explication du sentiment amoureux très difficile à prendre au sérieux aujourd'hui, mais qui faisait alors autorité, et qu'on pourrait qualifier d'*astrologique*. La voici : durant la période qui a précédé notre naissance, notre âme a dû effectuer un long périple cosmique, avant de descendre sur Terre s'incarner dans un corps. Elle a d'abord résidé « chez son Créateur plein de toutes les idées des choses formées », professe Patrizi. Elle était alors unie à Dieu et puisait en lui

« l'essence de toutes les idées ». Puis elle s'est détachée de l'unité divine pour revêtir « son petit corps éthéré ». Dans ce corps de pureté, elle est descendue « à travers les cieux et les éléments jusque dans le ventre des mères des hommes » : c'est là que, « subissant la matière », elle a enfin connu l'incarnation. Or, tout au long de leur voyage intersidéral, les âmes subissent, au gré de leur trajectoire, l'influence des astres. Une âme prend la qualité des planètes « qui sont en position dominante » sur son chemin, explique Patrizi, « de la même manière qu'une personne se promenant au soleil brunit. Et dès lors que deux âmes prendront de la même planète régnante – (jupitérienne, vénusienne ou autre) – elles seront semblables entre elles, et c'est d'une telle ressemblance que naît l'amour ».

Cette théorie astrologique typiquement néoplatonicienne va amener Patrizi à sa première conclusion décisive en ce qui concerne le baiser : il faut pour s'aimer une certaine gémellité entre les âmes, des affinités innées qui proviennent directement de l'influence des planètes. Si deux âmes sont marquées par la domination de Jupiter, elles seront bien appariées et naturellement enclines à s'unir. La douceur du baiser tire en partie son origine de ce que les âmes se ressemblent : cela explique que le baiser d'un père, d'un frère ou d'un parent, voire « d'une femme vieille, ou laide, ou à l'haleine puante », ne sera jamais aussi bon que celui d'une personne du même âge que nous, ayant été soumise à la même aimantation astrale. Tous les baisers ne se valent pas : il faut une coïncidence cosmique pour que le geste prenne toute sa saveur.

Mais il est un deuxième aspect du baiser, auquel s'intéressent tout à la fois Ficin et Patrizi, qui nous amène cette fois sur un terrain bien différent, puisqu'il ne s'agit plus d'astrologie mais plus concrètement de physiologie. Nos philosophes ont hérité de

Galien et Hippocrate une théorie médicale qui s'est révélée fausse, mais qui était alors très commune, au sujet des *esprits*. Si l'âme est de nature divine, il existerait dans le corps des petites particules bien matérielles, les esprits, censées jouer un rôle fondamental : les esprits naissent dans le cœur, sont véhiculés par le sang, relient le cerveau aux différents organes et membres et permettent la circulation de l'énergie vitale. N'ayant pas encore découvert la fonction du système nerveux, c'est à ces esprits que les savants de l'Antiquité et de la Renaissance attribuent le pouvoir d'assurer la cohésion comme le mouvement du corps, mais aussi de conserver en lui la chaleur. « L'esprit, si on le prend dans son sens humain, explique Patrizi, n'est rien d'autre qu'une vapeur très subtile du sang engendrée dans le cœur par la chaleur naturelle de ce dernier, lequel esprit, par les veines que les médecins appellent artères, transporte la chaleur du cœur jusqu'aux plus petites particules du corps vivant qu'ils conservent toutes chaudes et toutes vivantes. » Comme l'esprit est chaud, volatil, il est plus répandu dans les parties hautes du corps ; il irrigue le cerveau et permet tout à la fois la sensation et la volonté.

C'est dire à quel point l'esprit est une substance précieuse – elle est de plus très fine et instable, portée à s'évaporer, et c'est là le drame du vieillissement et de la mort. Nous sommes en permanence menacés de laisser échapper nos esprits vitaux par l'ensemble des pores et orifices de notre corps. Nous en perdons ne serait-ce que par les yeux, prévient Patrizi. « Je t'en donne deux preuves en une : l'une est celle qu'on voit chez la femme quand elle a ses menstrues : celle-ci, en se regardant dans le miroir, le tache presque de gouttelettes de sang. » Deuxième preuve : si on fixe les yeux d'un malade, on tombe malade à son tour. On comprend donc que, dans l'amour et le commerce charnel, on encourt un très grand risque : « Où que se porte l'attention continuelle de l'âme, prévenait Marsile Ficin, là aussi se précipitent les esprits... Or, l'âme de l'amant est entraînée vers l'image de l'aimé gravée dans son imagination et vers l'aimé lui-même : là aussi se portent les esprits et, s'y précipitant, ils s'épuisent à mesure. » L'amour nous met en danger, parce que nous consumons nos réserves vitales dans la fascination. Le risque est de verser dans la mélancolie, conséquence de la fatigue. « Le sang pur et clair étant épuisé, reste le sang impur, épais, sec et noir. Dès lors les amants se dessèchent et s'encrassent et deviennent mélancoliques. En effet, du sang sec épais et noir est faite la mélancolie, qui emplit la tête de ses vapeurs, assèche le cerveau et ne cesse, jour et nuit, de tourmenter l'âme de visions sinistres et terrifiantes. » C'est pourquoi Ficin conseille la plus grande prudence en matière de sentiments et recommande de s'en tenir uniquement à cette forme d'amour chaste qu'on appelle aujourd'hui « platonique ». Selon Ficin, il est déjà dangereux de contempler trop assidûment la femme ou l'homme qu'on aime ; l'embrasser ou lui faire l'amour, c'est courir un risque mortel, s'exposer à une perte d'esprit telle qu'elle nous précipitera dans le trépas.

Et c'est sur ce point, précisément, que Patrizi, qui jusque-là s'était mis dans les pas de son maître, qui se contentait de répéter les enseignements fort honorables du grand Ficin, va s'en démarquer. Il va même ouvrir une voie totalement nouvelle, tout en conservant la même terminologie et le même cadre théorique. L'opération philosophique à laquelle se livre Patrizi est audacieuse, même si son aspect novateur a tendance à nous échapper : en effet, il va tout simplement sauver le baiser de l'interdit que les néoplatoniciens font peser sur lui, laquelle proscription tire sa force des conceptions médicales de l'époque.

En fait, reconnaît Patrizi dans *Il Delfino,* il est tout à fait exact que nous perdons d'immenses quantités d'esprit lors des actes d'amour. Seulement, si nous perdons nos propres fluides vitaux, nous pouvons nous nourrir de la substance de celui que nous aimons. Chaque amant se gave des esprits de l'autre. « Pour cette même raison, le baiser avec succion est plus doux que ne l'est celui du bout des lèvres, car non seulement il permet de recueillir les esprits expulsés par le cœur, mais, grâce à la force de la succion, d'en tirer encore beaucoup d'autres dont on se nourrit. » Patrizi, préoccupé comme Ficin par la circulation des fluides, rétablit ingénieusement l'équilibre hydraulique. Comme la langue est un organe spongieux, truffé de pores, les amants deviennent des vases communicants. En se regardant les yeux dans les yeux, en faisant tourner leurs langues l'une sur l'autre, ils fortifient la lumière de leurs âmes jumelles mais aussi la force de leur cœur. Tout ce que je laisse échapper de ma vitalité va en toi, tout ce que tu perds est recueilli en moi. Par ces tendres jeux, l'existence corporelle échappe au dessèchement et au refroidissement, elle devient fusion dans la lumière et la chaleur. Avec Patrizi, c'est donc une autre sagesse existentielle qui se profile : l'érotisme y devient une source de jouvence et l'absence de caresses, le plus sûr moyen de tomber précocement dans l'hiver de la vieillesse, en ayant laissé s'écouler sa propre substance vitale, sans jamais aller se recharger à celle d'un être chéri.

Certes, Patrizi est un érudit et un philosophe hautement spéculatif, qui brode à loisir à partir du canevas que lui a légué Marsile Ficin et des rudiments de connaissances anatomiques hérités des Anciens. Tous les lettrés de la Renaissance étaient loin de posséder une théorie aussi élaborée de la consommation réciproque de l'esprit dans le baiser. Et pourtant, *Il Delfino* permet de relire les sonnets de Ronsard, dont il nous restitue l'arrière-plan métaphysique, donc la profondeur. Reprenons avec cette clé, par exemple, le sonnet 215 des *Amours* :

« Cet œil besson[1] dont, goulu, je me pais
Qui fait rocher celui qui s'en approche
Ore d'un ris, or d'un regard farouche[2]
Nourrit mon cœur en querelle & en pais

Par vous, bel œil, en soufrant je me tais
Mais aussi tôt que la douleur me touche
Toi, belle, sainte & angélique bouche,
De tes douceurs revivre tu me fais.

Bouche, pourquoi me viens-tu secourir,
Quand ce bel œil me force de mourir ?
Pourquoi veux-tu que vif je redevienne ?

Las ! Bouche, las ! je revis en langueur,
Pour plus de soin[3], afin que le soin vienne
Plus longuement se paître de mon cœur. »

Contempler la femme que j'aime m'épuise, mais l'embrasser sur la bouche me redonne des forces : voilà un résumé possible du sujet de ce poème. On y retrouve plusieurs des enjeux repérés chez Patrizi : l'œil de la femme aimée est dit « besson », soit jumeau ; il a le pouvoir de pétrifier, faire basculer dans une mort minérale celui qui s'en approche ; en même temps, l'amant échappe à la mort en se repaissant de la nourriture des baisers. Évidemment, Ronsard n'est pas philosophe et son usage des termes correspond à une métaphysique assez lâche, moins architecturée que celle d'un professionnel des concepts comme Ficin ou Patrizi, et pourtant on sent bien qu'on a affaire au même univers de représentation.

1. Cet œil jumeau.
2. Tantôt d'un sourire, tantôt d'un regard farouche.
3. Souci.

Ce qu'il faut comprendre, c'est qu'au XVIe siècle, la bouche est encore un lieu mystérieux : c'est par ce trou que le corps se nourrit, et que l'âme s'échappe au moment de la mort. De plus, l'union de l'âme et du corps est considérée comme essentiellement fragile : de même qu'elle est descendue dans la chair au moment de la conception, en un très court instant, l'âme peut à tout moment être arrachée à l'enveloppe matérielle qui l'abrite. Dans de telles conditions, embrasser n'est pas un acte neutre : c'est prendre le risque d'aspirer l'âme de l'autre ou de perdre la sienne. Nous savons aujourd'hui que le baiser comprend certains risques sanitaires, de nombreux germes et microbes se transmettant par la salive ; nous avons acquis un savoir précis des MOT, soit des maladies oralement transmissibles (rhume, grippe, angine, mononucléose, herpès, hépatite B...). La plupart de ces infections peuvent être guéries assez facilement d'ailleurs. Pour l'homme de la Renaissance, il existe une intuition mais non une connaissance scientifique du danger : nimbé de mystère, le baiser représente donc une sorte de saut dans le vide ou d'épreuve métaphysique, de flirt charnel avec la mort.

Aujourd'hui, de telles conceptions survivent tout de même à travers la figure de Dracula et le succès populaire de la mythologie des vampires. Vampires l'un pour l'autre, oubliant pour quelques instants la médiocrité de la condition humaine et se ressourçant aux émanations de l'éternité astrale, les amants de Francesco Patrizi le sont assurément. D'ailleurs, suggère Patrizi à la fin de son dialogue, en guise de conclusion, il est un lieu du corps de la femme aimée plus doux encore à embrasser que la bouche. Ce lieu, c'est le cou. Et plus précisément : sur le côté gauche, à l'emplacement de l'artère carotide. Là, on est vraiment tout près du cœur, de grandes quantités de sang courent juste sous la peau, si bien que votre bouche peut y goûter des esprits en nombre abondant, encore chauds, puisqu'ils viennent d'être propulsés par la pompe cardiaque. Le baiser dans le cou accompagné de succion et de morsure est un festin d'une rare intensité. Avant d'être ces créatures terrifiantes sorties des forêts neigeuses des Carpates ou du smog londonien, les vampires ont donc probablement fait halte en Méditerranée : et il faut être capable de se les imaginer non comme des morts-vivants condamnés à une existence pâle et nocturne, mais sous les traits de deux jeunes gens échappés d'un tableau de Botticelli, s'ébattant dans une nature printanière, les cheveux dénoués, le soleil jouant dans leurs belles boucles d'un blond vénitien.

IV

Goût nature

Mais la raison aurait fort bien pu en venir à bout... C'est vrai, le baiser aurait pu être relégué, avec maintes autres coutumes, au même titre que le baisemain, les mouches et les vertugadins, dans un placard de l'Histoire, étiqueté comme une lubie incompréhensible des Anciens. Pourquoi a-t-on malgré tout continué à s'embrasser, alors que la chose n'est d'aucune utilité collective, ne provoque pas la jouissance et comporte des périls épidémiologiques bien réels ?

La question s'est posée au Siècle des lumières et le fossoyeur du baiser aurait bien pu être Voltaire en personne. Dans son *Dictionnaire philosophique,* il consacre un article impitoyable au baiser, fermement résolu à jouer les rabat-joie : « J'en demande pardon aux jeunes gens et aux jeunes demoiselles ; mais ils ne trouveront point ici peut-être ce qu'ils chercheront. Cet article n'est que pour les savants et les gens sérieux, auxquels il ne convient guère. » Si Voltaire dresse contre le baiser un réquisitoire, ce n'est pas au nom de la morale, mais du progressisme. Et s'il entend s'adresser aux seuls savants, c'est parce qu'il a des arguments rationnels à faire valoir. *Primo,* les littérateurs en ont trop fait avec ces mamours. Principalement les auteurs de théâtre : « Il n'est que trop question de baiser dans les comédies du temps de Molière. » La plupart du temps, les acteurs étaient fort vilains, et le spectacle qu'ils offraient de leurs effusions factices sur les planches était subi comme une corvée par le public, à l'en croire. *Secundo,* notre ironiste énumère des exemples de baisers accompagnés de trahison : outre celui, célèbre, par lequel Judas désigna le Christ aux légionnaires romains, Voltaire rappelle que les conjurés de Rome embrassèrent avec chaleur la main, la poitrine et le visage de César, avant de le larder de coups de poignard. « C'était une chose horrible de trahir en baisant » – d'où il conclut que ce geste apparemment sincère est parfaitement compatible avec la contrefaçon, le mensonge et l'homicide. *Tertio,* le baiser est la prérogative des monarques, des puissants, des aristocrates – « c'était le droit des cardinaux d'embrasser les reines sur la bouche ». Manifestant les liens incestueux de l'Église et de la noblesse, mais rejeté par le bon sens populaire, le baiser serait l'apanage des sociétés de cour, donc une entrave aux avancées de la modernité.

Voltaire est implacable : théâtral, hypocrite, symptomatique de la licence des soi-disant croyants et des privilégiés, le baiser ne convient pas à l'ère éclairée que le philosophe appelle de ses vœux. Et pourtant... la suite de l'Histoire lui donnera tort. Car le baiser survivra à toutes ces critiques, aussi affûtées soient-elles. Et s'il a été transmis, en un siècle de raison triomphante, aux générations futures, nous le devons sans doute à deux autres auteurs qui ont plaidé sa cause : Jean-Jacques Rousseau et le marquis de Sade. Chacun à sa manière réévaluera le plaisir d'embrasser, en l'infléchissant, en lui donnant un sens moderne qu'il n'avait pas sous la plume d'un Jean Second ou d'un Pierre de Ronsard. Occupant des positions aussi antagonistes que possible sur l'échiquier des valeurs comme des psychopathologies,

Rousseau et Sade jetteront les fondements d'une nouvelle métaphysique du baiser.

En 1761, Jean-Jacques Rousseau publie l'un des best-sellers du XVIIIe siècle : *La Nouvelle Héloïse.* Aujourd'hui, l'ouvrage a mauvaise réputation. Pas une édition scolaire dont la préface ne s'ouvre sur quelques excuses, le roman de Rousseau étant présumé trop long, fade et anachronique pour les lycéens obligés de se le farcir. Il s'agit cependant d'un texte fondateur, dans lequel Rousseau se livre à une expérience intellectuelle comparable à celle de René Descartes dans le *Discours de la méthode.* Quand Descartes prit la plume, au début du XVIIe siècle, la philosophie avait dégénéré en d'infinies discussions entre universitaires, s'écharpant sur l'interprétation du corpus aristotélicien, tentant de faire tenir ensemble l'héritage de la pensée grecque et de la Bible, forgeant des théories toujours plus alambiquées, plus bancales. Descartes a coupé court à ces savants découpages de cheveux en quatre : il s'est isolé dans une chambre des Ardennes, auprès d'un poêle, a mis tous les livres de côté et oublié volontairement les enseignements de ses professeurs, pour rechercher la vérité par ses propres moyens, lors d'une méditation solitaire. Eh bien, Rousseau fait la même chose avec l'amour. Pendant des siècles, les poètes courtois, les néoplatoniciens, les précieux, les libertins n'avaient eu de cesse d'empiler des considérations toujours plus raffinées sur ce sentiment, le transformant en un vrai labyrinthe, une galaxie spirituelle habitée par des extraterrestres. Rousseau, lui, veut faire table rase de toute cette scolastique de l'amour, pour le redécouvrir sous sa forme originelle, à l'état pur. Il va rendre au baiser son goût nature.

Si l'action de *La Nouvelle Héloïse* est située dans une « petite ville au pied des Alpes », ce n'est pas une simple fantaisie de romancier, mais véritablement un choix philosophique. Là, ses personnages, Julie et Saint-Preux, se trouvent à l'écart des salons, de l'art de la conversation qu'impose la fréquentation d'une société variée et raffinée. « Toutes les grandes passions, écrit Saint-Preux à son aimée, se forment dans la solitude ; on n'en a point de semblables dans le monde, où nul objet n'a le temps de faire une profonde impression, et où la multitude des goûts énerve la force des sentiments. » Les personnages de Rousseau ne sont pas ignorants, pourtant ils se méfient de la lecture. Saint-Preux, précepteur (et séducteur) de Julie, établit pour elle un programme d'étude spécial, prévoyant qu'ils n'auront qu'un petit nombre de livres : « Qu'apprendrions-nous de l'amour dans ces livres ? Ah ! Julie, notre cœur nous en dit plus qu'eux et le langage imité des livres est bien froid pour quiconque est passionné lui-même ! D'ailleurs ces études énervent l'âme, la jettent dans la mollesse, et lui ôtent tout son ressort. » En balayant les mirages de la culture, Rousseau recrée dans son laboratoire littéraire les conditions propices à la formation spontanée de l'amour. (Si l'on voulait se livrer à une semblable opération intellectuelle aujourd'hui, il faudrait essayer d'imaginer l'histoire de deux jeunes qui s'aimeraient sans avoir jamais vu un seul film porno, et qui s'offriraient l'un à l'autre sans idée préconçue, en écoutant simplement leur cœur.)

Avec cette méthode, que découvre Rousseau ? Il en arrive à une définition de l'amour aussi simple qu'exigeante : l'amour, c'est la fusion de deux âmes, qui ne peut être atteinte que si aucune n'a de secret pour l'autre, si les amoureux vivent dans une transparence totale. Dans une lettre importante, Julie expose à Saint-Preux ses vues sur la jalousie : pour elle, c'est tout simplement une absurdité, une contradiction logique. On ne peut être jaloux que si l'on n'aime pas. En effet, pour que la jalousie soit possible, il faut que la dissimulation le soit, même à titre d'hypothèse. Or, la sincérité absolue entre deux êtres qui s'aiment est la condition *sine qua non* de l'amour. Ils se disent tout et se confient leurs impressions, surtout si quelqu'un d'autre leur plaît ou les bouleverse.

En s'aimant *au pied de la lettre,* pour ainsi dire, Julie et Saint-Preux font l'admiration de leurs proches, ils magnétisent leur entourage. Ce qu'ils vivent, c'est l'amour authentique, désintéressé, dont ceux qui ont été un peu frottés à la volupté et à l'usage du monde tendent à s'écarter. Voilà pourquoi milord Édouard, un Anglais riche et blasé, grand amateur de punch, s'exclame à leur sujet : « Vos deux âmes sont si extraordinaires, qu'on n'en peut juger sur les règles communes. Le bonheur n'est pour vous ni sur la même route ni de la même espèce que celui des autres hommes : ils ne cherchent que la puissance et les regards d'autrui ; il ne vous faut que la tendresse et la paix. »

Nul étonnement que la scène culminante du premier livre de *La Nouvelle Héloïse* soit un baiser – Rousseau veut se démarquer des auteurs libertins et de la mode de la littérature salace qui s'est répandue dans l'aristocratie, pour revenir à des évocations plus retenues de la sensualité. « Croyez-moi, mon ami, la débauche et l'amour ne sauraient loger ensemble, et ne peuvent pas même se compenser, explique Julie. Le cœur fait le vrai bonheur quand on s'aime, et rien n'y peut suppléer quand on ne s'aime plus. » Or, le baiser qu'échangent Julie et Saint-Preux va avoir un impact considérable : il va déclencher des passions chez les lectrices et les lecteurs dans toute l'Europe, et faire l'objet d'un nombre considérable de *remakes* dans le roman moderne, pendant au moins un siècle. Donné dans un bosquet, ce baiser ne laisse pas d'évoquer le jardin d'Éden ou l'épisode du buisson ardent. Il est en tout cas chargé d'un mysticisme sans intellectualisme, d'un élan tel qu'on est en droit d'y voir, rétrospectivement, la naissance de la vision *romantique* du monde – où l'exaltation du sentiment rejoint le mystère caché au fond de la nature : « Je sentis... la main me tremble... un doux frémissement... ta bouche de rose... la bouche de Julie... se poser, se presser sur la mienne, et mon corps serré dans tes bras ! Non, le feu du ciel n'est pas plus vif ni plus prompt que celui qui vint à l'instant m'embraser... Le feu s'exhalait avec nos soupirs de nos lèvres brûlantes, et mon cœur se mourait sous le poids de la volupté, quand tout à coup je te vis pâlir, fermer tes beaux yeux... Ainsi la frayeur éteignit le plaisir, et mon bonheur ne fut qu'un éclair. »

Évidemment, comme toujours chez Rousseau, la culture va empêcher et dévaster tout ce qu'il y avait de bon dans l'expression des sentiments naturels. Les convenances sociales vont avoir raison de l'idylle de Saint-Preux et de Julie. Saint-Preux est en effet un roturier, sans fortune ; et le père de Julie un homme sévère, attaché à l'étiquette, qui n'a pas d'autre enfant et ne veut pas éteindre lamentablement son lignage. C'est pourquoi cette dernière sera finalement persuadée d'épouser un homme de son rang, M. de Wolmar – et nos deux tourtereaux condamnés à un désespoir définitif.

Cependant, les héros de roman sont des créatures spéciales, qui ne tombent pas de la mort dans le néant, mais sont susceptibles de se réincarner dans d'autres œuvres, sous leurs noms propres ou sous forme d'avatars, d'imitations diverses. Ainsi, il est remarquable qu'une certaine Mme de Volmar refasse surface dans *L'Histoire de Juliette* (1795) du marquis de Sade. Dans cette seconde vie, néanmoins, l'amante de Saint-Preux a changé une lettre à son nom – le W a été remplacé par un V, plus direct et plus sensuel – et son tempérament s'est métamorphosé.

Pensionnaire au couvent de Panthemont, abbaye d'où sortent « depuis quelques années les femmes les plus jolies et les plus libertines de Paris », Mme de Volmar fait son entrée dans le roman en prononçant ces mots à l'adresse de la mère supérieure : « Je te défie de me faire décharger aujourd'hui ; je suis épuisée, ma chère ; j'ai passé la nuit avec Fontenille... J'adore cette petite friponne ; de ma vie je ne fus mieux branlée... Je n'ai jamais versé tant de foutre, avec tant d'abondance... avec tant de délices... » Voyant Juliette pour la première fois, elle l'embrasse goulûment sur la bouche, la trouvant ravissante. En outre, la Volmar de Sade a une particularité anatomique qui fait d'elle un personnage fantastique : « Elle a un clitoris de trois pouces » (soit sept centimètres et demi), avec lequel elle peut prendre une femme comme le ferait une « tribade » ou un « bougre ». Elle va d'ailleurs sans tarder exercer ses talents sur l'héroïne du roman : « La libertine se colle sur moi, raconte Juliette, m'enfonce son clitoris dans le cul, se secoue longtemps, retourne ma tête, baise ardemment ma bouche, suce ma langue et me branle en m'enculant. »

Car on s'embrasse très souvent dans les romans de Sade, et la pornographie revendiquée ne déclasse nullement cette pratique : « Nos langues se refouleront... se presseront... se suceront ; tu m'enfonceras ce godemiché dans la matrice... », annonce la mère supérieure à Juliette. Un peu après, le ministre Saint-Fond lui demande d'inventer un supplice pour une victime, au beau milieu de l'orgie : « "Que lui ferons-nous à présent ?", me dit Saint-Fond, en dévorant ma bouche de baisers, et en me dardant son vit jusqu'aux entrailles ; "invente, Juliette, invente quelque chose, ta tête est délicieuse, tout ce que tu proposes est divin." » Dans les baisers chez Sade, il n'est question que de langues ardentes, brûlantes, en feu, qui « s'enfoncent » dans les bouches des partenaires, qui les « pénètrent » et les « fouillent » avec brutalité, comme des godemichés ou des membres virils. À l'instar de l'appendice de Mme de Volmar, ces langues servent aussi à « socratiser » les culs des libertins.

Quand le sang coule des blessures de leurs victimes, les libertins se précipitent pour boire. Il suffit d'un rien pour que leur baiser se mue en une abominable dévoration, comme dans l'une des scènes culminantes du roman, située en Italie : l'infâme Moberti y endosse une « peau de tigre, dont les quatre pattes sont armées d'ongles monstrueux, et le mufle arrangé de façon qu'il peut mordre tout ce qu'il atteint ». Ainsi déguisé en bête sauvage, il se précipite sur sa maîtresse favorite, Zanetti, ligotée par les bons soins de Juliette. Il lui lacère d'abord les yeux, les joues, la bouche, puis se met à l'embrasser ou plutôt à lui manger les lèvres : « Il ne cessait de baiser la bouche de cette infortunée, afin, disait-il, de recueillir avec soin les élans précieux de la douleur d'une femme qu'il a tant aimée. » Cris insoutenables, vibrations des nerfs, tressaillements des muscles, flots de sang, la bouche est pour Sade l'organe susceptible d'exprimer, au plus haut degré, la douleur – bien plus encore que la vulve, qui ne hurle pas. Par la bouche, la douleur s'inflige, se goûte, se touche et s'entend. C'est pourquoi il n'est pas de cruauté plus accomplie que de manger, au sens propre, les lèvres d'une femme.

Si éloigné soit le *baiser libertin* de Sade du *baiser romantique* de Rousseau, ils puisent leur inspiration à la même source : la nature. En effet, les deux écrivains cherchent à retrouver la saveur authentique du baiser, celle qui n'a pas été édulcorée par la morale ni polluée par les progrès de la civilisation.

Pour Rousseau, « si l'amour règne, la nature a déjà choisi » : aussi, rien n'est plus déplacé ni plus dangereux que de vouloir opposer à ce sentiment un ordre artificiel. « Ces deux belles âmes sortirent l'une pour l'autre des mains de la nature ; c'est dans une douce union, c'est dans le sein du bonheur, que, libres de leurs forces et de leurs vertus, elles eussent éclairé la terre de leur exemple », regrette milord Édouard. Il y a dans l'amour une force irréductible ; ce sentiment ne se commande pas, il est hors la loi, asocial, et c'est ce qui fait sa grandeur mais le distingue aussi du simple instinct sexuel. Si l'instinct sexuel commandait seul nos comportements, le coït suffirait amplement et nous pourrions régler ça au coup par coup, entre deux portes. Mais la nature a placé aussi en nous des besoins plus désintéressés, un désir d'union plus profonde, c'est pourquoi nous nous embrassons.

La proposition de Sade est, au départ, la même : détournons-nous des enseignements officiels et modelons nos attitudes sur les enseignements que nous pouvons tirer de l'observation des lois naturelles. Mais les conclusions sont radicalement opposées. « À ne considérer que la nature, enseigne Noirceuil, toutes nos actions sont parfaitement égales », il n'y a donc ni bien ni mal, nul interdit qui tienne, autrement que comme un simple préjugé construit par les illusions ou par l'orgueil humain. « Le crime n'a donc rien de réel ; il n'y a donc aucune manière d'outrager une nature toujours agissante... toujours trop au-dessus de nous, pour nous redouter en quoi que ce pût être. Il n'est aucune action, telle épouvantable, telle atroce, telle infâme que vous puissiez la supposer, que nous ne puissions commettre indifféremment, que dis-je, que nous n'ayons pas tort de ne pas commettre, puisque c'est la nature qui nous l'inspire. » Pas d'autre loi, dans une nature qui a engendré des prédateurs et des proies, qui a donné à certains une robuste constitution et à d'autres un caractère pusillanime, que celle du plus fort. Nous éprouvons une attirance pour le meurtre, le viol, l'inceste, la torture, la coprophagie ? Ne réprimons pas ces mouvements qui nous habitent au nom de la religion, ni d'aucune autre vision du monde erronée, livrons-nous au contraire à ces penchants, suivons la pente de la nature, puisque c'est la seule manière de vivre de plain-pied dans le réel – en « philosophe », comme le répètent souvent les libertins. Et la compassion, la tendresse, le « prétendu lien de fraternité » unissant les hommes entre eux ? « Mensonges propagés par les faibles », explique Noirceuil. Les exigences de fraternité et d'égalité sont fondées sur des raisonnements aussi futiles « que le serait celui de l'agneau disant au loup : "Vous ne devez pas me manger, car j'ai quatre pieds comme vous." »

Comme on le voit, chacun de ces raisonnements est parfaitement valable – tout dépend, en fait, de la conception qu'on se fait de la nature. Et s'il est juste que tout est dans la nature, alors les pulsions terrifiantes des libertins de Sade s'y trouvent au même titre que les sentiments cristallins que se portent les amants de *La Nouvelle Héloïse*.

Au passage, remarquons qu'à l'origine de cette divergence de points de vue, il est des manières différentes de vivre et de ressentir. Féru de botanique, appréciant les promenades dans les forêts de Montmorency et les vallées champêtres des Alpes, grand amateur de lacs et de prairies, Jean-Jacques Rousseau, quand il emploie le mot « nature », songe spontanément à la couleur verte, au *règne végétal*. Quant au marquis de Sade, ses terres sont au sud, à Lacoste dans le Lubéron ; en fait de feuillus, il est habitué à des paysages secs, solaires, implacables, où flotte une atmosphère tragique. Pour ce dernier, la nature est rouge et or, car elle est placée sous la domination du *règne animal* – c'est une arène ouverte sur le ciel, où l'on s'entre-dévore.

Quoi qu'il en soit, le fossé entre baiser romantique et baiser libertin, qu'a creusé la littérature du XVIIIe siècle, n'a toujours pas été comblé. Comment choisir entre les deux tendances ? Romantique, le baiser est une fin en soi ; il est pacifique, bucolique, pur, attentionné. Libertin, le baiser est un ingrédient du plaisir ; organique, cru, meilleur encore quand la bouche se rebelle, se plaint ou profère des obscénités.

Pour se convaincre de l'actualité d'une telle opposition, rien de tel que de lire *La Transformation de l'intimité,* un essai que le sociologue anglais Anthony Giddens a fait paraître en 1992. Il y brosse un panorama assez complet des mœurs contemporaines, montrant comment les individus sont aujourd'hui tiraillés par des désirs incompatibles : deux siècles après les Lumières, nous n'avons toujours pas trouvé le moyen d'acclimater la fraîcheur des sentiments à la chaleur des corps.

D'une part, nous éprouvons tous une sincère aspiration à la *relation pure.* Par pureté, Giddens n'entend pas ici *chasteté,* mais désigne une relation « engagée pour elle-même, ou plus précisément pour ce qu'un individu peut espérer de son association durable avec un autre, cette alliance ne se perpétuant que dans la mesure où les deux partenaires jugent qu'elle donne suffisamment satisfaction à chacun pour que le désir de la poursuivre soit mutuel ». C'est ainsi qu'en Occident, désormais, la plupart des couples ne tiennent pas ensemble par respect de l'institution du mariage, ni parce que leurs familles ont contracté à travers eux une alliance, ni même pour les enfants, mais seulement parce que chacun ressent cette union comme bénéfique pour lui-même, parce qu'il y *consent.* La relation pure a évidemment un désavantage : elle est très fragile, et les couples peuvent se défaire au premier signe d'ennui ou à la première trahison. Toujours est-il que cette situation est inédite dans l'Histoire : on peut y voir une sorte de rousseauisme généralisé ou de romantisme démocratique.

Cependant, la relation pure n'est pas la seule caractéristique de l'éros contemporain : nous avons aussi conquis ce que Giddens appelle une *sexualité plastique.* Auparavant, la sexualité était réprimée, à la fois par la morale (car elle était stigmatisée comme un péché), pour des raisons pratiques liées à la procréation (en l'absence de contraception, la relation de plaisir s'accompagnait de la terreur d'avoir des enfants naturels, surtout pour les femmes), et par une certaine ignorance (car l'anatomie des parties génitales et les mécanismes de la jouissance étaient tenus tabous). La sexualité plastique est « si l'on peut dire, décentrée, affranchie des exigences de la reproduction ». Elle laisse la part belle à l'expérimentation. Jusqu'à une époque récente, la fellation, le cunnilingus et la sodomie relevaient, selon le sens commun, de la perversion ; ces actes se sont aujourd'hui banalisés. De même, l'homosexualité : selon Giddens, l'une des évolutions les plus spectaculaires de ces dernières décennies est qu'un très grand nombre de personnes ont eu au moins une relation homosexuelle au cours de leur existence (près d'un homme sur cinq et d'une femme sur dix, d'après le célèbre rapport Kinsey publié au début des années 1950 ; ces proportions n'auraient cessé d'augmenter depuis). La sexualité plastique ayant un fort effet addictif, nous sommes constamment en quête de nouveaux partenaires et de sensations inédites. Échangisme, films X, gadgets, sex-toys, saunas, clubs sadomaso, prostitution, tourisme sexuel, porno amateur, sites de rencontres : nous voyons un éventail de possibilités toujours plus large s'offrir à nous, et les masses hédonistes découvrent des péripéties qui étaient auparavant réservées à quelques rares cénacles de libertins.

Du coup, chacun se voit plus ou moins contraint de naviguer à vue entre les extrêmes : d'un côté, le besoin d'un amour exclusif au sein du couple ; de l'autre, la recherche de nouveauté sexuelle. Difficile d'opter pour l'un de ces deux pôles et de renoncer à l'autre. Si nous avons une sexualité répétitive, sans fantaisie, nous estimerons être passés à côté des plaisirs de l'existence, nous nous plaindrons d'être frustrés. Inversement, si nous ne trouvons pas l'âme sœur, si nous ne connaissons jamais l'amour conjugal, mais seulement des relations d'un soir, nous serons en proie à un irrémédiable sentiment d'abandon et nous dirons de notre vie affective qu'elle est un échec. En d'autres termes, nous ne savons pas choisir entre Rousseau et Sade.

Consolons-nous tout de même à l'idée que les arguments contre le baiser listés par Voltaire dans son *Dictionnaire philosophique* n'ont pas portés. Le baiser, habitude de l'Ancien Régime, n'a pas disparu. Nous autres hommes du XXIe siècle, nous savons que la raison et l'érotisme ne s'excluent nullement, mais qu'ils peuvent au contraire faire bon ménage car ils s'aiguillonnent l'un l'autre.

C'est d'ailleurs cette stratégie d'alliance entre la vision mathématique du monde et la sensualité qu'ont choisie d'emblée Diderot et d'Alembert, dont l'*Encyclopédie* donne, du baiser, une définition qui se présente comme un véritable petit bijou rhétorique – et un antidote souriant à l'article bégueule de Voltaire. Affectant de parler science, les auteurs livrent à l'adolescent ou à l'étudiant curieux tous les renseignements nécessaires, et même davantage. Mais, pour le comprendre, il faut entendre le double langage. Je vous laisse apprécier cette définition plus sensée qu'il n'y paraît, puisqu'elle proclame l'unité profonde de la connaissance et du désir humains :

> « BAISER : terme de géométrie. On dit que deux courbes ou deux branches de courbes se baisent, lorsqu'elles se touchent en tournant leurs concavités vers le même côté ; c'est-à-dire de manière que la concavité de l'une regarde la convexité de l'autre ; mais si l'une tourne sa concavité d'un côté, et l'autre d'un autre côté, ou ce qui revient au même, si les deux convexités se regardent, alors on dit simplement qu'elles se touchent. Ainsi le point baisant et le point touchant sont différents. »

V

Comme un froid sur tes lèvres

Il ou elle ne m'a pas embrassé ce matin... Ou était-ce hier soir ? Il s'est retourné sur le côté et s'est endormi sans vergogne... Je suis transparente dans son regard... Elle ne vient plus se mettre sur mon chemin pour que je l'embrasse... Elle s'écarte stratégiquement de moi quand nous vaquons aux tâches domestiques... Il est préoccupé. Il ne pense plus à moi... Nous n'avons plus de temps pour les câlins depuis la naissance du petit. Il ne veut pas m'embrasser devant ses potes. Il a honte... Elle ne m'a pas embrassé à Noël après la distribution des cadeaux. Devant son père, il n'en était pas question... La béance s'élargit. Et les non-dits. Nous ne nous comprenons plus...

Il n'est pas de meilleur baromètre du couple que le baiser. Une cadence honorable dans les rapports sexuels, avec l'entraînement, peut se prolonger longtemps après que la passion initiale s'est éteinte. Pour mesurer la force du lien sentimental entre deux êtres, il suffit cependant d'observer la régularité, la durée et l'intensité de leurs baisers.

Rien n'est plus destructeur, à la longue, que l'*oubli du baiser.* Ce n'est pourtant pas une des armes de destruction massive du couple auxquelles on pense en premier. Prendre un(e) amant(e), se faire des scènes, se laisser aller à des sautes d'humeur pour des broutilles, multiplier les absences, voilà l'arsenal clinquant et tonitruant de la crise conjugale dans ses formes les plus flagrantes. Or, l'oubli du baiser est un gel insidieux, bien plus ravageur que les coups d'éclat. Silencieux, tacite, il s'enkyste. Les plages entre les baisers s'allongent, les lèvres ne se rapprochent plus que dans la joute sexuelle, ou bien machinalement, pour saluer. La bouche de l'autre a perdu pour moi toute saveur. Le baiser devient neutre, incolore, comme un vieux chewing-gum qui aurait perdu son goût. Qu'est-ce que cela signifie ? Que les sentiments faiblissent.

Une fois installé dans cette morne plaine du quotidien où l'on n'embrasse plus, il est presque impossible de faire machine arrière. On peut se forcer à faire l'amour, se sentir tenu à ce rite, soit par conformisme, soit pour se débarrasser de la demande insistante de l'autre, soit pour donner le change à la sollicitation des organes. Mais personne ne s'oblige à embrasser. Ce n'est pas une nécessité, notre métabolisme ne nous l'ordonne pas et le volontarisme en la matière est presque impossible. On peut faire l'amour à quelqu'un pour qui on ne ressent plus rien, et prendre du plaisir quand même. L'embrasser lentement, sensuellement, quotidiennement serait un supplice.

Après l'adolescence, j'ai vécu ma première grande histoire avec une femme, qui a duré près de douze ans. Jusqu'à la rupture, un gâchis. Pendant toutes ces années, je suis resté convaincu que, malgré nos déchirements, nous passerions notre vie ensemble. Que nous étions faits l'un pour l'autre. Je me leurrais. Mais j'aurais pu m'en apercevoir. Il n'était pas difficile de deviner que notre amour était en sursis, cela dès les premiers temps : nous ne nous embrassions presque pas. Ni le matin, ni le soir pour les retrouvailles. Peut-être avant de dormir, sur l'oreiller, mais je ne m'en souviens plus. Quand je pense que j'ai pu cohabiter si longtemps avec une femme sans me rappeler un seul de ses baisers, j'ai l'impression de m'être trouvé à côté de la plaque, d'avoir erré dans un théâtre d'ombres.

Sans baisers, notre quotidien était sec, désertique. Nous nous heurtions. Des carambolages survenaient – comme des actes manqués. Un mouvement trop vif pour ranger un bol dans un placard, une démarche brusque, une porte ouverte sans ménagement et nous nous cognions l'un dans l'autre. Les baisers lubrifient la mécanique du concubinage. Sans eux, la chaîne se grippe et grince. Les accrochages se multiplient. Psychologiquement, nous n'avions de cesse de nous blesser par des paroles crues, des lapsus intentionnels, des injures à peine voilées sous des exclamations.

Parfois, elle n'en pouvait plus de cette dureté, de cet ordinaire de froideur que nous nous étions agencés. Elle se mettait en travers de mon passage, se pendait à mes épaules, fermait ses paupières aux longs cils et avançait les lèvres. Ainsi resserrée, sa bouche ressemblait au bec d'un petit oiseau. D'un moineau. Elle portait le plus souvent un chignon, houppette ébouriffée au-dessus de son crâne de piaf. Quand j'y repense, sa manière de se jeter à mon cou pour implorer un baiser avait quelque chose de pathétique. Je lui cédais, mais jamais sans un sourire ironique ou un mot amer. Je ne comprenais pas que, du fond de son abandon, elle essayait de me redonner ma chance. À force de ne pas la saisir, je l'ai dégoûtée. Elle a fini par s'amouracher d'un autre.

Moralité, à l'usage des conseillers conjugaux et des magazines féminins : mieux vaut guetter la disparition des baisers, qui présage du pire.

Qui trop étreint mal embrasse. L'inverse du dicton se vérifie également et, je le confesse, je fais partie des impatients, de ces amants pressés qui ont tendance à bâcler leurs baisers pour passer plus vite à l'étape suivante, foncer droit au corps. Dans le désordre créatif de la première fois ou dans l'ordre conventionnel de la relation de couple, j'essaie de liquider la minute un peu mièvre où l'on s'embrasse, pour créer un *effet de rupture*. J'aime passer sans transition de la distance, de cette sorte de garde-à-vous que l'on observe en temps normal, à la mêlée sexuelle. C'est pourquoi je n'ai jamais fait partie, comme me l'ont dit la plupart des femmes que j'ai connues, de ceux qui embrassent bien. Tout au plus suis-je capable de m'acquitter de cette tâche avec une certaine application, un sens honorable de l'à-propos, mais je n'ai pas ça dans le sang. Ce n'est pas intuitif. Je ne *jazze* pas mes baisers, ne les improvise ni ne les déchaîne. Je me contente d'interpréter correctement la partition qu'on a placée sous mes lèvres.

Hélas, j'ai remarqué qu'en général, ce sont les demi-habiles (et, parmi eux, les adolescents, ces intelligences moitié finies) qui méprisent le baiser. Ils s'estiment au-dessus du troupeau et refusent les cajoleries sans queue ni tête. *Humain, trop humain* : nos gros malins ont beau jeu de dénoncer dans le baiser un gage de faiblesse. Aux yeux du demi-habile, l'humanité est une lectrice de romans roses. On ne la lui fera pas, à lui. Il ne se laissera pas embobiner par les petites amoureuses, les fadaises et autres mignardises. Les demi-habiles se méfient des plaisirs qui ne s'expliquent pas ; eux veulent comprendre, disséquer ou être terrassés par le plaisir. Pour l'intelligence qui se croit supérieure, le baiser est d'importance nulle. Cependant, à trop relever le menton, on ne voit plus les fleurs.

Si la négligence mine lentement le couple, il n'est pas de plus grand affront en amour, ni de plus grande blessure que le *refus du baiser*. Vous vous approchez, vous avancez les lèvres et quémandez la caresse de l'autre, le havre de sa bouche, mais il détourne la tête. Au dernier moment, il vous oppose une joue froide.

Attention, je ne parle pas de ces occasions où l'*on se prend un râteau*, où l'on se jette à l'eau de façon piteuse, sans avoir bien évalué la situation, pour réaliser de manière cuisante que l'autre n'a pas envie de nous. Certes, le râteau est désagréable, mais il fait partie du jeu de la séduction. Ce qui est autrement plus terrible, quand un couple entre en phase terminale, ce sont les baisers qu'on implore et qui nous sont refusés. Donner un smack, c'est si peu de chose... Mais en priver l'autre, c'est une telle manifestation de dégoût !

Moi, je ne comprenais pas qu'après tant d'années d'intimité, une femme me prive du jour au lendemain de ses baisers. Elle voulait bien coucher. Elle avait un amant, d'accord, mais ça l'amusait d'augmenter la quantité globale de sexe dans son existence. M'embrasser, par contre, lui était viscéralement impossible. J'avais beau pleurer, discourir, écrire des poèmes, des mails, des SMS, parcourir toute la gamme de la supplique, du style lyrique au vindicatif, rien n'y faisait. Je veux bien te donner mon corps, mes seins, mon sexe, mon cul, mais t'embrasser, non, ne me demande pas ça, c'est au-dessus de mes forces. Je n'en revenais pas. Moi qui n'avais jamais accordé de valeur au baiser, j'en découvrais le prix à mes dépens.

Vraiment, ces scènes étaient si pénibles qu'aujourd'hui encore, j'ai peine à me les rappeler ou à en faire le récit. Le plus souvent, au cours des semaines d'agonie de cet amour, la crise survenait quand nous étions allongés côte à côte. Je cherchais à me rapprocher d'elle. J'avançais en tapinois sur le matelas, rampais, sachant que l'entreprise allait être ardue. Sans prévenir, je me portais sur elle, la saisissais par les épaules, l'écrasant presque pour l'empêcher de s'enfuir. Mais elle levait le menton, se raidissait et se débattait. Jamais, même à l'arrachée, mes lèvres ne sont parvenues jusqu'aux siennes. Au besoin, elle me remettait en place avec un tact de CRS.

Après l'échec de la force, j'essayais la persuasion. S'ensuivaient d'interminables et douloureuses explications. Nous nous débattions dans des arguties sans prise sur la catastrophe affective en cours. Rompre aurait été un moindre mal, et nous aurait évité d'en passer par certaines extrémités ridicules, mais nous ne pouvions nous y résoudre. Il nous fallait avaler la lie.

Quelquefois, j'essayais de l'embrasser durant nos rapports sexuels. Dans ce cas, elle se retournait sur le ventre, sans un mot. J'avais outrepassé une limite. Il m'est aussi arrivé de vouloir coller mes lèvres sur les siennes dans la rue, car il est plus difficile de se défiler en public. On hésite à faire étalage d'une scène de ménage. Malheureusement, elle trouvait encore le moyen de s'échapper. Une fois, elle a même changé de trottoir et s'est mise à hurler : « Arrête, tu me fais peur ! Va-t'en, je te connais, je ne veux plus de toi ! » Elle avait une voix stridente, la harpie. Tous les visages étaient braqués sur moi, inquiets, comme si j'allais commettre un crime passionnel. C'était elle qui criait, donc forcément moi le salaud.

Je l'ai dit, jusque-là le baiser était pour moi un acte presque indifférent. J'ai mis longtemps à comprendre que *le rejet de l'autre commence par la bouche*. La transfiguration ne fonctionnait plus. Pour elle, ma bouche était redevenue un trou de viande trempé de salive, un truc assez dégueulasse tout compte fait. M'embrasser, ç'aurait été comme utiliser la brosse à dents d'un type dont on ne sait rien, sinon qu'il pèse cent dix kilos. Vous le feriez sans un haut-le-cœur, vous ?

Dans le même ordre d'idées, il y a un genre de baiser que je n'ai jamais eu le cran de donner, mais qui m'impressionne fatalement : celui du mariage. Étrange coutume : dans un décor de mairie, après que l'élu local a lu à haute voix les poussiéreux articles du code Napoléon réglant les devoirs mutuels entre époux, il faut y passer. En public, c'est-à-dire sous le regard attentif de la famille, des collègues, des amis.

Théoriquement, un mariage pourrait être prononcé sans baiser, il aurait la même valeur légale. Et pourtant, il manquerait quelque chose. Si les jeunes époux ne s'embrassaient pas, si l'un d'eux refusait de se plier à l'usage, par caprice ou par timidité, ce serait comme un coup de canif au beau milieu d'une danse. Le rapprochement des lèvres est attendu : à croire qu'aucun rite de passage n'a de valeur s'il n'est accompagné d'actes concrets. Le discours du maire est abstrait, les sentiments restent impalpables, les invités sont déguisés, tout semble faux dans l'affaire, sauf peut-être l'instant du baiser. Quelle curieuse irruption du *réel* au beau milieu d'une comédie sociale ! Les principaux concernés le savent – les amoureux qui, même s'ils se connaissent bien, même s'ils ne forment plus qu'une seule chair depuis longtemps, vacillent à cette seconde-là, hésitent, curieusement empotés et nigauds, comme des débutants à leur premier bal. Car ce baiser-là a quelque chose d'insoutenable.

Mais voici une explication mathématique : le baiser est le seul acte amoureux qui impose une structure binaire. Il faut être deux pour s'embrasser. L'abandon sexuel n'est pas si exclusif ; on peut combiner, prendre du plaisir simultanément avec plusieurs partenaires. Dans l'orgie, des chaînes se forment, les contacts génitaux s'additionnent. Techniquement, un homme pourrait embrasser deux femmes en même temps, on pourrait aussi s'amuser à filmer des acteurs entraînés se donnant un baiser à trois ou quatre langues – pourquoi pas ? Mais cela ne s'est jamais vu. Car ça n'a pas de sens. S'embrasser, cela se fait à deux, comme concevoir un enfant. Ces choses-là ont la particularité de n'être pas polygames, d'imposer un resserrement – même momentané – du nombre des participants. En arithmétique, cela pourrait s'écrire : $1 + 1 = 1$. L'équation impossible de l'amour.

Dans l'assistance, on trouvera sans doute d'autres femmes éprises de l'époux, une flopée d'ex-amants et maîtresses, mais sur l'estrade, à coller leur bouche l'une contre l'autre, il n'y a qu'*eux deux,* qui ne font qu'un. L'amour peut être éparpillé, confus ou partagé, on n'embrasse qu'une personne à la fois.

Étrange baiser, dont le don marque le début d'une histoire et le refus en signifie la fin.

VI

La face cachée du visible

Maintenant, faisons un test. Pensez au célèbre tableau de Gustav Klimt *Le Baiser,* avec le couple qui s'embrasse sur un fond peint à la feuille d'or. Vous le connaissez ? Essayez de le visualiser mentalement... Ça y est, vous y êtes ?

Eh bien, la plupart d'entre vous seront sans doute surpris d'apprendre que, sur ce tableau achevé en 1908, les lèvres des amants ne se touchent pas. Voici l'image : la femme a la tête renversée vers l'arrière ; son corps est long et fin, pareil à une tige qui prend racine dans un parterre de fleurs ; elle a d'ailleurs des violettes et des marguerites piquées dans les cheveux. L'homme, le front ceint d'une couronne de lierre, se penche sur elle, désaxant sa nuque de taureau ; il prend le visage de la femme entre ses mains puissantes ; littéralement, il cueille le visage-corolle d'une femme-fleur. Et son baiser atterrit en bas de la joue droite. Pas très loin de la bouche, certes – mais à côté. Klimt n'a pas tant représenté un baiser qu'un simple bisou.

Le pouvoir évocateur du tableau est pourtant irrésistible : le jeu des étoffes, le drapé de la toge de l'homme, la robe moulante de la femme, l'inclinaison de son visage et son abandon à elle, si proche de l'extase, ajoutent une certaine confusion ou plutôt, rendent indiscernables les silhouettes. La superposition des habits est telle qu'elle évoque l'étreinte.

Ainsi, il existe deux tableaux de Klimt : celui qu'il a réellement peint et qui se trouve au Kunsthistorisches Museum de Vienne, et celui que la majorité d'entre nous conserve en mémoire, mais qui est en réalité l'œuvre de notre imagination, où les personnages s'embrassent pour de bon. Le talent du peintre est d'avoir su pousser à ce point la suggestion qu'il confie au spectateur l'achèvement de son intention. Chaque fois qu'on parle de la toile de Klimt, chaque fois qu'on en rappelle mentalement le souvenir, c'est donc notre propre image du baiser idéal que nous convoquons sans le savoir.

L'esquive de Klimt s'explique sans doute de ce que le baiser sur la bouche n'est pas un sujet commode à peindre. Rien à voir avec le nu, qui offre à l'artiste l'occasion d'étaler sa connaissance de l'anatomie, sa maîtrise de la perspective ou son habileté à rendre la coloration et la texture de la peau. Du point de vue du spectateur extérieur, le baiser ressemble fort à une *éclipse de têtes*. Il escamote les bouches, les joues, les regards, les physionomies. L'un des amants nous tourne forcément le dos ; et le cuir chevelu ni l'occiput n'ont jamais été merveilleux à contempler.

Cela explique que le baiser soit un parent pauvre de l'histoire de l'art. De tous les délices et les combinaisons de l'amour, il est l'un des moins représentés. À une exception près : durant une période assez brève, qui va de la fin du XIXe siècle jusqu'aux années 1920, il y eut une véritable mode picturale du baiser. Alors, la plupart des artistes, qu'ils soient d'orientation réaliste ou symboliste, qu'ils souhaitent tendre un miroir à la société ou déployer leurs rêves, se sont mesurés à ce thème. On pourrait, un peu arbitrairement, faire remonter le point de départ de cette vogue à une œuvre du romantique italien Francesco Hayez,

Il Bacio (« Le baiser », 1859). De facture très classique, ce tableau n'a de romantique que la théâtralité des sentiments qu'il met en scène : un fringant jeune homme enrobé dans une cape, coiffé d'un chapeau à la Robin des Bois, se saisit du visage d'une jeune femme à la chevelure dénouée, et l'embrasse avec l'avidité d'un assoiffé se désaltérant au goulot d'une gourde. Elle a la taille resserrée par un corset et le dos penché vers l'arrière, en une torsion improbable. Curieusement, notre jeune homme de bonne famille, déguisé pour l'occasion en aventurier, avec costume de chasse et collants rouges, lève la patte. Le genou plié, sa jambe agile et maigre s'enroule autour du corps de sa proie. L'allusion sexuelle est claire, mais elle est tolérable pour la bonne société de l'époque.

Ce frisson bon chic bon genre du baiser, on va le retrouver chez de nombreux artistes qui feront alors la coqueluche des collectionneurs bourgeois. L'Anglais Sir Lawrence Alma-Tadema par exemple, spécialisé dans les reconstitutions maniérées et virtuoses de l'Antiquité, génial précurseur du péplum hollywoodien, a signé avec *The Parting Kiss* (« Le baiser d'adieu », 1882) l'une de ses œuvres les plus fameuses : on y voit à l'arrière-plan le Colisée et au premier plan une jeune femme délivrant un baiser chaste, sur le front, à un enfant à peine nubile qui a gardé du poupon l'embonpoint, mais dont les yeux expriment déjà le malheur de la perte. Quelle est la nature du lien entre les personnages ? S'agit-il d'un amour maternel, sororal, pédérastique ? Un mystère plane.

Auguste Toulmouche, peintre parisien qui fit florès sous le Second Empire, n'a peut-être signé qu'une seule toile retenue par la postérité : et c'est justement *Le Baiser* (1886). On y voit deux comédiens costumés, lui en Pierrot blanc avec un chapeau conique sur la tête, elle en danseuse, qui s'embrassent par-dessus une table chargée d'une bouteille de champagne et d'une coupe de fruits. Une autre bouteille de champagne patiente dans un seau à glace, sur le tapis. Ils semblent avoir fait chacun un saut de cabri pour que leurs lèvres se touchent, on ne sait trop si ces personnages s'aiment, s'ils jouent ou s'ils répètent – tout cela à la fois, peut-être.

Les tableaux de cette période ont en commun le caractère démonstratif des baisers qu'ils exposent : si les visages des amants sont largement invisibles du fait qu'ils s'embrassent, ce défaut est compensé par la surenchère scénographique, par la munificence des vêtements et l'exagération des gestes.

Pourquoi une telle mode du baiser s'est-elle imposée en art à la fin du XIXe siècle – à tel point qu'on n'en finirait plus de lister les peintures, croûtes ou chefs-d'œuvre, contenant dans leur titre le mot « baiser », réalisées à cette époque ?

Il y a bien sûr une explication d'ordre historique et sociologique. Le XIXe siècle a vu triompher le mode de vie bourgeois, marqué par une séparation sans cesse plus affirmée entre l'espace privé et l'espace public. La société bourgeoise a cantonné la nudité et l'amour au huis clos de la chambre à coucher, où le couple est seul, à l'abri des regards. De même, la débauche s'est retirée derrière volets et tentures. Les orgies des libertins, un siècle auparavant, pouvaient se dérouler dans des jardins, des théâtres privés ou des salons ouverts ; désormais, ces pratiques ne perdurent qu'en intérieur nuit et sous clé. L'érotisme s'est vu confiné à l'alcôve. Dans ces conditions, le baiser dans la rue, au restaurant, dans un jardin, au bal, est l'un des seuls plaisirs dont l'exhibition soit acceptée ; c'est aussi une manière de se réapproprier l'espace public. S'embrasser dehors, ce n'est pas seulement prendre quelques libertés savoureuses avec le moralisme ambiant, c'est également contrevenir à la mise en quarantaine systématique de l'amour et de la sexualité qui a suivi l'avènement de la chambre matrimoniale.

Mais cette lecture sociologique n'explique pas tout, et il serait dommage de s'en contenter. En effet, la peinture dans la seconde moitié du XIXe siècle est marquée par une exténuation progressive de la figuration. Même les stars académiques que sont Hayez, Alma-Tadema ou Toulmouche sont sensibles à cette évolution, qui n'ont de cesse de rechercher des contorsions, d'imposer des fantaisies bizarres aux êtres et aux objets qu'ils peignent. Le baiser – spectacle de deux figures qui, se touchant, s'annulent réciproquement – est sous ce rapport un prétexte pour se débarrasser des personnages, pour raffiner. C'est justement parce que ce geste engloutit bouches et regards qu'il retient l'attention des peintres de ce temps – derniers grands maîtres figuratifs avant la percée des avant-gardes –, pour qui il constitue un ultime défi.

Mode ou pas, deux réalisations de la fin du siècle sortent franchement du lot. La première, titrée *Nuit d'été à Studenterlunden* (1889), est due au Norvégien Edvard Munch, l'auteur du célèbre *Cri*. Avec cette toile, il nous emmène dans les grandes allées d'un parc en pleine nuit. Il s'agit des jardins du Studenterlunden à Oslo, mais ce pourrait être tout aussi bien l'une de ces promenades poudreuses du bas des Champs-Élysées à Paris, ou le St James's Park à Londres – nous sommes dans l'un de ces îlots de verdure apprivoisée qu'on trouve au cœur de toutes les capitales européennes. Le ciel est d'un bleu crépusculaire qui vire au mauve. Les arbres ont des feuillages obscurs et brouillons, mais prolifiques ; c'est sans doute l'été ou le printemps. Le coup de génie de Munch est d'une déconcertante simplicité : dans sa composition, il n'a pas placé *un*, mais *quatre* couples qui s'embrassent, assis de loin en loin sur des bancs. Là où Klimt cède à l'anecdote, au décorum facile de l'idylle, Munch, l'éternel solitaire, noyé dans un alcool morbide, possède une obliquité toute particulière, un humour d'une acidité remarquable. Bien sûr, chacun de ces couples qui s'embrassent croit être unique au monde, vivre un des moments culminants de son amour, mais nous savons – nous, les badauds – qu'ils se complaisent dans la répétition et l'imitation, qu'ils nagent en plein cliché. La flamme qui brûle dans chacun de ces baisers n'a rien d'unique, puisque c'est la chaleur même du troupeau. Que faire quand on est étudiant, qu'on emmène une fille la nuit en promenade ? L'embrasser n'est pas un exploit, mais une manière de dévaler la pente de l'humanité, de suivre la loi du genre.

C'est à un déplacement tout aussi surprenant, mais inverse, que s'est livré Henri de Toulouse-Lautrec dans ses deux tableaux de 1892 baptisés *Le Baiser* et *Dans le lit, le baiser.* Sur le premier, on voit un couple s'embrasser sur la courtepointe rouge d'un lit. Les personnages ne se sont pas allongés par fatigue : c'est la passion qui les a jetés là ; d'ailleurs, ils ont la tête au pied du matelas. Les draps ne sont pas défaits. Ce baiser ouvre le bal des préliminaires et l'on ne doute pas qu'une étreinte emportée va suivre. *Dans le lit, le baiser* présente le dénouement de cette histoire, en sautant la partie de jambes en l'air : cette fois-ci, les protagonistes sont tout nus sous les draps, dont dépassent leurs bras alanguis. Tout en eux évoque la langueur, l'abandon, l'absence de tonicité qui succède à la jouissance.

Le Baiser – c'est-à-dire les prémices – est crayonné et badigeonné hâtivement dans des couleurs de feu et de braise. *Dans le lit...* – petit épisode de tendresse postcoïtale – joue au contraire sur une palette moins capiteuse, plus éthérée, draps et chairs affichant une blancheur de semence.

Mais l'essentiel n'est pas là. Le point important, la subversion introduite par notre génie des bastringues, est d'un autre ordre et ne se décèle pas au premier regard : ces tableaux montrent *deux femmes* en train de s'embrasser. Comme l'une est vraiment coiffée à la garçonne, un doute est possible, qui se dissipe seulement si l'œil s'attarde.

Voilà le tour de force de Toulouse-Lautrec : il a réussi à s'emparer d'un geste toléré et somme toute banal, l'un des rares événements de la vie érotique communément admis par la société bourgeoise, pour le rendre sulfureux et inconvenant. En ce sens, il contredit Munch, dont le tableau dénonce dans le baiser un navrant conformisme : Toulouse-Lautrec nous rappelle que la vue du baiser n'est tolérée qu'à certaines conditions, c'est-à-dire si ce dernier est sage, pas trop lubrique et surtout hétérosexuel. En mettant en scène un couple de lesbiennes, en les fourrant dans un lit, en indiquant par d'innombrables détails que la relation sexuelle est proche, le peintre parvient à sauver son sujet du stéréotype et à lui conférer la force d'une injure à l'ordre établi.

Pendant et après la Première Guerre mondiale, les représentations du baiser vont peu à peu se raréfier, avant d'être tout bonnement abandonnées. Les surréalistes se sont intéressés au thème et l'ont même maintenu quelque temps en vie artificielle. André Breton l'a célébré de manière un peu pompeuse dans ses récits en prose. Max Ernst l'a illustré, sans conviction. Au bout du compte, le tableau qui clôt le chapitre « Esthétique du palot » de notre rapide histoire de l'art moderne est probablement *Les Amants* (1928), de René Magritte. La métaphore y est un peu facile, téléphonée. Un homme en costard-cravate embrasse une femme portant une robe d'employée. Mais un drap recouvre entièrement la tête de chacun d'entre eux – comme dans ces intérieurs où, pour ne pas abîmer les canapés cuir, on a posé dessus des housses blanches. Les draps symbolisent l'aveuglement de l'amour, la barrière d'incommunicabilité qui sépare ceux qui croient se donner l'un à l'autre. En outre, l'artiste a très astucieusement contourné l'impossibilité de montrer le visage de ses personnages : il en a carrément fait le sujet de sa toile, résumant leurs trombines à deux paquets de linge.

Le baiser aura été l'un des derniers soubresauts de la figuration en peinture, qu'il aura peut-être même contribué à couler, la tirant vers la caricature ou l'aporie. L'amour n'existe pas et les lèvres ne se touchent jamais, nous dit Magritte. Si on pouvait s'embrasser, on ne se comprendrait pas pour autant. Si l'on pouvait s'embrasser et qu'on se comprenait, cela ne se verrait pas. Sur la grande scène du baiser en peinture, *Les Amants* de Magritte, c'est, à la fin des années 1920, l'équivalent d'un tomber de rideau.

VII

Les fleurs de Paris

Au tournant de ma trentième année, donc, séparé mais n'ayant heureusement pas à divorcer, je me suis retrouvé sur le marché de l'occase. Refusant de m'y éterniser, je me suis démené. J'ai pas mal dragué. Une décennie s'était écoulée depuis la fin de mes études, j'avais changé, mûri, et les filles aussi. Désormais, chacun était plus conscient de lui-même, de ses préférences comme de ses limites. Les baisers fous, le papillonnage de l'adolescence, sans rime ni raison, n'avaient plus lieu d'être. Plus question de frôler, mais de saisir.

Je me suis aperçu que tous suivaient désormais une règle très simple, qui pourrait s'énoncer ainsi : *un baiser vaut blanc-seing*. Pour peu qu'une femme se laisse embrasser, non seulement *sur* mais *dans* la bouche, le reste suit, elle est prête à se donner complètement. À l'adolescence, le baiser sert souvent de manœuvre dilatoire, qui permet de reculer de quelques semaines ou de quelques jours des caresses plus avancées. À l'âge adulte, c'est le contraire. Dès qu'il l'embrasse, le séducteur sait qu'il a ferré sa prise. Bien sûr, il y a encore des équivoques qui ne débouchent sur rien, on rencontre parfois des allumeuses, des petites joueuses – mais celles-là ne cèdent pas leur langue. Tout au plus vous colleront-elles un smack provocateur, pour vous faire sentir la fermeture Éclair de leurs lèvres.

Dans ces conditions, une gravité nouvelle pèse sur le baiser. Moins ludique, plus conséquent, il passe enfin pour ce qu'il est : une effraction. Franchir la barrière de peau, s'immiscer dans un orifice, c'est pénétrer dans le corps de l'autre. C'est accepter que les frontières de l'identité deviennent poreuses. Comme le schizophrène qui ne reconnaît plus l'enveloppe de son corps, qui se sent criblé de trous, rempli de vides, l'adulte pour embrasser doit accepter une brève éclipse de sa maîtrise, une fragmentation de son unité. Je n'ai plus les pleins pouvoirs : je suis envahi, nous sommes deux dans ma bouche et je ne sais pas qui bouffera l'autre... Il est bon de jouer, à petites doses, avec ces épisodes de décentrement, de folie douce ; cela libère de l'équilibre ordinaire. Le baiser agit comme un psychotrope léger, qui permet de jouer à cache-cache avec soi-même sans se perdre.

En général, la première prise se faisait dans la rue. Ce n'était donc pas sur la banquette d'un bar ni d'un restaurant, encore moins au cinéma que je sentais venir la *seconde d'ouverture,* cet instant si incertain et si précis à la fois, où il faut porter ses lèvres à la rencontre de l'autre. Pour moi, le premier baiser avait partie liée avec l'agitation extérieure, le flou de bougé des phares, l'espionnage des passants, les clignotements des feux tricolores, la rumeur sourde de la métropole... Il est plus facile d'embrasser en se laissant porter par l'animation du monde, en se réglant sur elle, que dans le silence compassé d'un appartement.

Peut-être le climat de Paris jouait-il en ma faveur, peut-être en serait-il allé différemment ailleurs, dans une autre cité. N'est-ce pas la capitale incontestée du *french kiss* ? La photo des amants de l'Hôtel de Ville de Robert Doisneau n'a-t-elle pas fait le tour du monde, au point que la mairie parisienne est surtout célèbre comme toile de fond d'un bisou ?

Quand Paris était vraiment, en matière de plaisir, l'une des villes les plus avancées de la planète, avant d'être supplantée par New York, Las Vegas, Tokyo, Bangkok ou Dubaï, quand notre vieux cœur de France était à l'avant-garde de la dissolution des mœurs, le baiser représentait encore l'un des sommets de l'osé. S'embrasser en pleine rue, c'était une transgression toute légère – une fantaisie noir et blanc, courue depuis les débuts du music-hall jusque dans l'après-guerre. C'était une manifestation d'entrain et d'indépendance, les lèvres dansaient le fox-trot. À présent, la pornographie urbaine est autrement plus torride, plus agressive et commerciale. Racolage, peep-shows, salons de massage thaïs, hammams spécialisés, supermarchés du sexe, backrooms et bars topless : la bimbeloterie du vice version *cities of quartz* n'a plus grand-chose à voir avec le réalisme poétique d'un Doisneau.

Or, la capitale française s'est arrêtée en cours de route, quelque part au tournant des années 1950, délaissant le peloton de tête de la course à l'excès. Nous en sommes restés aux usages de l'ancien temps : à Paname, on croise toujours des centaines d'amoureux qui se bécotent sur les trottoirs, comme autant de fantômes du passé. Étudiants en pantalon de feutre, ados boutonneux, approximatives doublures de Louise Brooks, jeunes bourgeois gominés, cinéphiles échappés des salles obscures, beautés studieuses, branleurs de rimes, faux bohèmes, touristes de tous les pays, ils sont innombrables à imiter les modèles d'autrefois, à perpétuer le folklore sous les apparences du renouveau.

Pour moi, ça se passait le plus souvent ainsi : nous sortons d'un café. Tu te mets à marcher plus lentement. Nous ne savons pas où aller ensuite, préférant improviser. Tu ne dis rien. Nous n'avons même pas emprunté la direction d'une bouche de métro.

Et pourtant le but de notre divagation, au bout de cent mètres, devient clair, explicite. Tu as considérablement ralenti, c'est à mon tour de m'immobiliser. Je te prends la main, ou l'épaule, ou le coude. Tu pivotes de quatre-vingt-dix degrés sur toi-même. Maintenant, nous sommes face à face. La lumière pêche des réverbères colore ta peau plutôt blême en extérieur nuit. Les cheveux, autour de ton visage, palpitent comme des algues d'eau douce au fond d'un ruisseau chahuteur. Tes narines frémissent, tu manques d'air. Tu sais que je vais t'embrasser, c'est pourquoi tu marques un recul. Tu te réfugies dans le réflexe facile de la dénégation : « Est-ce que tu es sûr de ce que tu fais ? » demandes-tu en avançant le menton en pointe. « Tu le veux vraiment ? » Tu laisses un silence. « Je ne vais pas rendre ta vie encore plus compliquée ? » Ou bien : « Je ne suis plus tout à fait certaine, là, je ne sais pas très bien où j'en suis... » L'erreur absolue serait de te répondre, de faire retomber la tension par des mots. Il te fallait mettre un dernier obstacle, pour donner du sel à la situation. Je me penche sur toi. T'embrasse. Tout autour, bien que nous soyons immobiles, la ville ressemble à un manège, un charivari électrique. Et c'est bon de penser que les passants nous voient, que nous nous moquons de leur jugement. Ils sont innombrables, mais nous sommes seuls à nous être trouvés. Les piétons errent sans but, désorientés : ce sont des électrons libres qui poursuivent une trajectoire absurde, quand nous avons des atomes crochus. Une capitale entière s'annule, dix millions de personnes disparaissent quand nos paupières se ferment. La ville qui nous a bercés et rapprochés, enfin s'éloigne. Le baiser est l'oasis du macadam.

Loi psychologique de la jungle urbaine : « Toi, je ne te reverrai jamais. » C'est ce qu'on pense à chaque fois qu'on croise quelqu'un – et la seule façon de supporter ces interactions trop nombreuses.

Mais qui es-*tu* ? À cette époque de mon existence, tandis que je venais d'être vomi hors de la bulle rassurante de mon foyer, que j'étais rendu à un célibat qui m'apparaissait comme un châtiment, tu avais plusieurs visages. Tu étais une étrangère curieuse de visiter un *French lover*, une divorcée nostalgique de l'âge d'or, une étudiante en psychologie ou en communication impatiente d'approfondir l'une ou l'autre de ces disciplines, peu importe. Tu avais plusieurs sourires, plusieurs identités mais un rôle unique. Tu étais la destinataire de ma demande d'amour et de consolation. Ta bouche avait le goût de la nuit. Ta chevelure avait le parfum des songes. Tu étais faite de l'étoffe capricieuse du fantasme. Et moi, dans le reflet de tes pupilles, j'étais aussi un spectre, je m'agitais comme un drapeau blanc. Nos baisers n'avaient qu'une très fine épaisseur de réalité.

Et puis, comme toujours à Paris, quelque chose a dû virer dans la couleur du ciel. La météo s'est assombrie sans crier gare. Une luminosité grisâtre est tombée sur les fleurs de ce deuxième printemps. En tout cas, j'ai subitement cessé de me réjouir que chaque baiser puisse mener, en fondu enchaîné, à un rapport sexuel. Car j'ai compris que les coucheries ne débouchaient sur rien. J'avais beau faire, multiplier les partenaires, rien n'y faisait : j'étais seul. Tel est le miroir aux alouettes que tend Paris aux âmes sensibles.

Que faire ? Comment me prémunir contre l'irrémédiable sentiment d'abandon qui naissait de chaque nouvelle rencontre ? Et pourquoi l'instrument du plaisir se métamorphosait-il en corde ou revolver ? Je crois que j'éprouvais alors le paradoxe de la grande ville. Certes, les rencontres y sont facilitées, les échanges virtuellement infinis. Mais c'est comme vouloir sculpter de l'eau. À quoi bon ? Embrasser ne m'emmenait pas plus loin que dans un lit douteux. Quand le jour se levait, l'aventure avait déjà un arrière-goût de rance, un relent désenchanté. Si le ciel d'Île-de-France était triste, tant mieux. Si, par exception, il était bleu, c'est qu'il avait décidément l'intention de se foutre de moi.

Je distribuais des baisers, mais ceux-ci n'apaisaient nullement mon attente. Une angoisse sourde couvait. Étais-je donc une exception, un *handicapé affectif* ? Était-ce là l'irrémédiable délaissement qu'enduraient tous les célibataires ?

À force, une curieuse inversion eut lieu. Au lieu d'espérer que les baisers m'emmènent entre deux cuisses, je souhaitais au contraire qu'il ne se passe rien. Je me suis mis, bizarrement, à me réjouir d'un tout autre genre de palots. Non plus les câlins enivrés qui jalonnent le chemin vers la coucherie, mais au contraire, les baisers de surface, si j'ose dire. Des contacts des lèvres aussi superficiels que les relations qui se nouaient au hasard. Il existe, en effet, un geste que seule favorise la métropole, impossible dans un village, et qui a du coup une valeur spécifique : je veux parler des *baisers gratuits*. De ceux qu'on échange dans la folie du moment, sans penser à l'après. Je ne me serais jamais cru capable de pourchasser ce genre d'accolades en pure perte, et pourtant elles ont fini par me sembler délicieuses. Ou, pour être sincère, plus appropriées à ma condition. Car le mode de vie urbain ne se prête pas au don de soi inconditionnel ni au partage des brûlures secrètes. Il y a trop de passantes, trop de possibilités. Le maximum du contact humain qu'on peut atteindre se résume, en général, à un simple froissement d'étoffe.

« J'en ai marre. Je m'ennuie. Je voudrais être ailleurs, loin d'ici, avec des personnes qui me plaisent… »

C'était formulé sur le ton de la plainte, dans l'arrière-salle d'un café où se déroulait une soirée littéraire. Une jeune femme, la poitrine sanglée dans une chemise d'homme, le chignon instable, des mèches fomentant des rébellions par dizaines autour de son visage d'enfant modèle, venait se plaindre à moi. Elle avait bu. D'habitude maîtresse d'elle-même, elle vacillait maintenant sur ses cothurnes à talons hauts, dont les lanières de cuir remontaient comme des serpents enlacés autour de ses mollets. Le vin tanguait au fond de la coupe qu'elle tenait du bout des doigts, menaçant de nous éclabousser. Dans le café, au même moment, pris dans la cohue informe des buveurs et des curieux, il y avait son copain, et pas mal d'amis et de connaissances communes... Mais la plainte n'était destinée qu'à moi, et je croyais y déceler une autre demande : « Je voudrais être seule avec toi. » Avec l'assurance que donne la boisson, je me suis penché et lui ai roulé un long patin.

Et après ? Après, rien. Nous nous sommes souri, pris au dépourvu. Il était impossible d'aller plus loin dans cet environnement. Était-ce même désirable ? Poursuivre, cela aurait signifié intriguer, déjouer des surveillances, fixer un rendez-vous secret, faire des nœuds bizarres avec nos réseaux de relations. Mieux valait en rester là, sur cette *touche* – et nous n'avions même pas besoin de nous le dire. Nous nous regardions en silence. Notre baiser avait eu le piment du danger, il nous avait apaisés. Fini l'équivoque : nous nous plaisions et nous nous l'étions avoué. Nous étions repus d'avoir goûté, même pour quelques secondes, l'un à l'autre. Sa bouche mince, étonnamment peu sensuelle, s'ouvrait maintenant en un sourire pareil à une ligne. Ses yeux d'un vert doré avaient pris une sérénité d'eaux dormantes. Il est une certaine nuance de calme que seuls expriment les yeux verts...

Comme des crimes gratuits, accomplis sans mobile, sans enjeu passionnel ni appât du gain, il y a dans la trajectoire sentimentale de chacun une collection de baisers dissonants, détachés de tout contexte et sans conséquence. Commandés par une impulsion imprévue, presque inconsciente, ils ressemblent à des lapsus. Le crime gratuit ne paie pas ; de même, le baiser gratuit est à lui-même sa propre fin. C'est une bouffée de tendresse, un moment arraché à la logique de l'existence. Ensuite, il n'en sera plus question. On n'en reparlera pas. On ne s'estimera pas trahi ni engagé. On n'éprouvera pas le moindre sentiment de dette ni de culpabilité.

Que s'est-il passé entre elle et moi ? Si peu de chose. À peine une légère entorse à la convention d'indifférence qui régit à l'accoutumée les relations sociales.

Délié, le baiser gratuit ne met nullement en jeu l'identité sexuelle, ce qui explique qu'il peut survenir tout autant entre hommes et femmes qu'entre femmes, ou entre hommes. La plupart des femmes en ont déjà embrassé une autre, la plupart des hommes en ont déjà embrassé un autre sur la bouche. Sans aller plus loin. Homosexualité, aveu d'une ambivalence universelle refrénée par la morale dominante ? Même pas. Car ces mouvements-là appartiennent au registre de l'élan, de la toquade, mais ne vous piègent pas dans une catégorie (au contraire du crime gratuit, qui fait de vous un meurtrier pour toujours).

Prenez ces supporters de football, cette équipe de hockey un soir de victoire, ces bidasses pochetronnant un jour de permission, ces motards en virée : à la faveur de l'alcool, de la chaleur tribale, de la fête virile, il n'est pas impossible que deux d'entre eux en viennent à coller leurs lèvres, à se rouler une pelle sous les rires et les huées. Et ça n'ira pas plus loin. Prenez ces adolescentes, un soir d'enterrement de vie de jeune fille ou au contraire de sortie en boîte. Elles parlent ou elles dansent, s'échauffent, tout à coup l'une donne un bec à l'autre. Comme dans ces jeux d'enfants où l'on distribue des bisous en guise de gages : des lèvres se plaquent, vite fait bien fait, et on en sort indemne. Le baiser gratuit offre la fièvre, sans la maladie.

VIII

Psychopathologie du palot

Une bouche d'homme ressemble-t-elle à une bouche de femme ? Ou bien est-ce le regard que nous portons sur une bouche qui diffère, selon que celle-ci appartient à un homme ou à une femme ?

Certes, le baiser ne relève pas du genre neutre, ce n'est pas un acte qui congédie entièrement la différence des sexes. Il est en outre certains détails qui ne trompent pas. La lèvre supérieure de l'homme est hérissée de poils, les lèvres de la femme peuvent être maquillées, refaites. Quant à l'intérieur de la bouche... Je ne sais pas, sans doute s'attend-on de la part de la femme à un niveau d'hygiène plus élevé, à une haleine plus fraîche. Il est possible qu'on pardonne à l'homme les taches de nicotine, les empreintes noires de café et de tanin sur l'émail ou le long des gencives. Peu attrayants chez le mâle, ces détails seront jugés rédhibitoires chez une femme.

Cependant, du point de vue de la physionomie, les bouches elles-mêmes sont tout à fait comparables, voire identiques : on ne pourrait reconnaître à coup sûr le sexe d'une personne qui nous donnerait un baiser véloce à travers un trou percé dans un drap noir, et dont le reste du visage et du corps nous resterait parfaitement intangible. Disons que le baiser met en œuvre une différence des sexes théorique plutôt que concrète, postulée davantage que perçue.

Et pourtant, je ressens depuis le début de ce texte une sorte d'hésitation ou plutôt, je dois lutter contre un préjugé tenace au fur et à mesure que j'accumule ces réflexions. Pour le dire de façon sommaire : j'ai quand même l'impression, excusez l'énormité de la chose, que *le baiser est un truc de filles*. Que ce sont les femmes qui en raffolent, qui en demandent encore et encore avant de faire l'amour, qui ne s'abandonnent jamais si elles n'en ont pas obtenu de longs et de suaves, qui rappellent à l'ordre leur conjoint pour qu'il les embrasse. Inversement, les hommes seraient davantage préoccupés par leur appareil génital et moins gourmands de ces divagations buccales. La passion du baiser serait-elle donc plus sexuée que les bouches qui le donnent ?

Pour échapper au cliché, sans doute faut-il déplacer le problème. C'est pourquoi je propose de reformuler mon préjugé initial ainsi – afin qu'il soit moins suspect de misogynie, mais aussi plus sensé : *les hommes traitent en général le baiser comme leur propre part de féminité*. Le baiser, c'est du féminin pour l'homme. C'est une dimension qui existe, soit, mais qu'on ferait tout aussi bien d'ignorer. Il est rare que le mâle ne trouve dans le rapport sexuel, dans la pénétration surtout, une confirmation de sa virilité. Mais il est tout aussi rare qu'il ne considère le baiser prolongé comme un engluement, une chute dans la proximité visqueuse, une forme de démission à laquelle il ne faut pas trop consentir. Le baiser, selon la perspective virile, est une activité agréable mais devant être maintenue dans certaines limites, de même qu'il faut contenir sa propre féminité. Dans le rapport sexuel, c'est à l'opposé une expansion maximale qui sera recherchée. Réticence et méfiance d'un côté, affirmation et puissance de l'autre. Les hommes sont embarrassés d'embrasser ; ils ne s'y mettent jamais sans surmonter une certaine gêne, ce qui explique au passage qu'ils aient si peu écrit là-dessus – alors que le coït a libéré des fleuves d'encre chez nos écrivains mâles.

On comprend que les femmes raffolent des hommes qui embrassent bien : ceux-là sont des perles rares, capables de stopper le show machiste, de tomber les armes et le cynisme guerriers, de traiter avec douceur la femme qui est en eux.

Au passage, cela explique aussi la force des tableaux de Toulouse-Lautrec susmentionnés, *Le Baiser* et *Dans le lit...* : le coup de génie du peintre n'est pas d'avoir représenté deux lesbiennes se bécotant, mais bel et bien d'avoir signifié par cette conjonction insolente, ce redoublement, l'*essence* femme *du baiser.*

Comment un psychanalyste interpréterait-il les considérations qui précèdent ? Nul doute qu'elles le feraient sourire, mais qu'en penserait-il ?

Sur la pratique du baiser, on peut regretter que la littérature psychanalytique soit dans l'ensemble assez muette. Les passages consacrés à ce thème sont peu nombreux. La question semble avoir été laissée peu ou prou en l'état depuis les textes fondateurs ; elle n'a pas été vraiment explorée après que Sigmund Freud l'a débroussaillée dans ses *Trois Essais sur la théorie de la sexualité* publiés en 1905.

Dans cet ouvrage pionnier, Freud fait dériver le baiser chez l'adulte de la toute première forme de vie érotique chez l'enfant ; il le considère donc comme un vestige de la volupté éprouvée au début de l'existence à téter le sein maternel. « La succion et le suçotement qui existent déjà chez le nourrisson, qui peuvent subsister jusqu'à l'âge adulte et quelquefois toute la vie, sont constitués par un mouvement rythmique et répété des lèvres, qui n'a pas pour but l'absorption d'un aliment. » Freud va jusqu'à voir dans la succion l'équivalent d'un « acte sexuel » couronné de jouissance : « La volupté de sucer absorbe toute l'attention de l'enfant, puis l'endort ou peut même amener des réactions motrices, une espèce d'orgasme. » La description freudienne se fait ici étonnamment tendre et lyrique, tranchant avec la froideur clinique du reste des *Trois Essais* : « Quand on a vu l'enfant rassasié abandonner le sein, retomber dans les bras de sa mère et, les joues rouges, avec un sourire heureux, s'endormir, on ne peut manquer de dire que cette image reste le modèle et l'expression de la satisfaction sexuelle qu'il connaîtra plus tard. »

Hélas, les bonnes choses ont une fin et, nous dit Freud, le développement de la dentition chez l'enfant, rendant progressivement gênant puis impossible l'allaitement, va conduire au sevrage. Le petit humain sera alors tenté de retrouver la satisfaction dont il est privé par d'autres moyens, par exemple en suçant son pouce, ses doigts ou toute autre partie de sa peau – mais ces expédients lui procureront nettement moins de plaisir que la tétée. « "Dommage que je ne puisse me donner un baiser", pourrait-on lui faire dire. » Plus tard, les « lèvres d'une autre personne » vont apparaître comme un objet de substitution susceptible de donner une satisfaction presque aussi élevée que le sein. Elles permettront de compenser le handicap inhérent à l'autoérotisme oral – sucer son pouce n'ayant jamais fait jouir quiconque.

Remarquons encore qu'au sens de Freud, le baiser de l'adulte est une *perversion* : les *Trois Essais* définissent en effet comme *perverse* toute fixation sur un but sexuel qui n'est pas le coït mené jusqu'à son terme entre l'homme et la femme. Freud est cependant moins sévère avec le baiser qu'avec la fellation ou le cunnilingus. De toutes les pratiques qui dérivent du stade oral de la sexualité infantile, le baiser est encore la plus acceptable à ses yeux.

Dans *Thalassa. Psychanalyse des origines de la vie sexuelle* (1924), Sándor Ferenczi développe des conceptions assez similaires à celles de Freud, mais dans des termes nettement moins normatifs.

Selon Ferenczi, nous devons nous réjouir de pouvoir aller jusqu'à l'éjaculation, autrement dit jusqu'à l'« explosion des énergies accumulées dans l'appareil génital ». Le pénis joue le rôle du sifflet placé sur le couvercle de la Cocotte-minute : il sert à diminuer la tension quand celle-ci devient insoutenable. La nature a bien fait les choses, qui nous permet d'« accumuler les excitations sexuelles dans une sorte de réservoir spécial dont elles sont périodiquement évacuées ». Et de dresser l'étonnant tableau psychopathologique de ce qu'il adviendrait de nous si nous n'avions pas d'organe spécialisé de la jouissance : « Si les activités voluptueuses n'étaient pas ainsi isolées, l'œil s'épuiserait en contemplation érotique, la bouche se comporterait exclusivement en organe érotique oral au lieu de se mettre au service de la conservation de l'individu ; la peau elle-même ne serait pas cette enveloppe protectrice dont la sensibilité avertit du danger mais seulement un lieu de sensations érotiques ; la musculature ne serait pas l'instrument perfectionné de l'activité volontaire mais servirait uniquement à écouler des décharges sadiques et autres décharges motrices voluptueuses... » Sans orgasme, les hommes s'adonneraient donc à des préliminaires jusqu'à ce que mort s'ensuive.

Mais l'apport de Ferenczi à la théorie du baiser se situe ailleurs : son originalité est de radicaliser l'intuition freudienne suivant laquelle la succion procurerait au nourrisson, au premier stade de la vie érotique, un intense plaisir. Pour Ferenczi, en effet, on retrouve à chaque étape du développement de la sexualité un équivalent du coït. Cette vision des choses amène le psychanalyste hongrois à émettre une hypothèse pour le moins hardie : à l'en croire, les dents qui finissent par percer la gencive du nouveau-né sont des « instruments à l'aide desquels l'enfant cherche à pénétrer dans le corps de la mère », c'est-à-dire qu'elles ont la même fonction que le pénis pendant l'accouplement adulte. « Selon notre conception, la dent est à proprement parler un pénis archaïque (*Urpenis*), au rôle libidinal duquel l'enfant doit renoncer au moment du sevrage. Par conséquent, ce n'est pas la dent qui est le symbole du pénis, mais c'est le pénis, plus tardivement développé, qui est le symbole de l'instrument de pénétration plus ancien, la dent. »

Si farfelue paraisse-t-elle de prime abord, cette réflexion a au moins le mérite de laisser entendre que la tétée du bébé n'est pas seulement, comme semblait le supposer Freud, un magnifique instant de tendresse. L'allaitement comprend également ses zones d'ombre, ses éclairs fugitifs de cruauté et de douleur. De même, les dents n'ont pas un rôle uniquement lié à la mastication ; elles représentent aussi notre premier moyen de détruire les objets du monde extérieur (bien avant que nous soyons capables de construire quoi que ce soit). C'est par elles que nous faisons pour la première fois l'expérience de notre agressivité, de la souffrance que nous sommes capables d'infliger à autrui – symétrique parfait, semble-t-il, du plaisir que suscite la succion.

S'interrogeant sur la motivation de l'activité sexuelle chez l'être humain, laquelle est largement indépendante de la procréation, Ferenczi avance de même une explication inattendue : à ses yeux, c'est parce qu'il cherche à « retourner dans le corps de sa mère » que l'adulte fait l'amour. Une telle affirmation paraît assez justifiable dans le cas de l'homme – en effet, celui-ci éprouve au cours de la pénétration des sensations d'enveloppement, de chaleur, d'humidité intra-utérines, qu'il a peut-être déjà enregistrées lorsqu'il séjournait dans la matrice. L'argument est quand même nettement moins convaincant rapporté à la position de la femme et Ferenczi, beau joueur, l'admet : « La partie perdante est la femme : elle abandonne à l'homme le privilège de pénétrer effectivement dans le corps de la mère, se contentant pour sa part de compensations fantasmatiques. » Lesquelles ? Pendant l'acte sexuel, la femme est libre, ajoute-t-il sans y voir malice, de *subir*, de se laisser faire par l'homme. C'est à ce prix qu'elle pourra retrouver, au moins fantasmatiquement, la passivité fœtale, le délice d'être soumise au corps d'un autre, dont la force l'excède.

Quelles que soient les réserves que ne manqueront pas d'inspirer aujourd'hui de telles réflexions, elles nous renseignent peut-être sur l'essence *femme* du baiser. Du point de vue masculin en effet, embrasser n'est pas un acte dépourvu d'un certain vertige, voire d'un risque : le baiser vous reconnecte au sein, donc à la mère. Le baiser renvoie à des sensations très douces et très anciennes, à une condition néonatale faite de soumission et de docilité vis-à-vis de la toute-puissance maternelle. C'est pourquoi, à l'âge adulte, les hommes considéreront cette pratique avec un mélange d'attirance et de méfiance : attendu qu'il est à peu près exclu d'utiliser ses dents en embrassant, et qu'un don Juan qui mordrait férocement les lèvres de ses conquêtes compromettrait sa carrière, l'homme doit renoncer dans le baiser à tirer parti de son protopénis ; il est ramené à sa vulnérabilité originelle devant la Mère. C'est pourquoi le baiser ne manque pas de le mettre sur la défensive. Si je suis ce nouveau-né qui se laisse aller à téter, comment pourrais-je l'instant d'après devenir le triomphateur porteur du phallus et remporter la mise ? Embrasser, c'est s'aventurer sur un terrain glissant, au risque d'y voir trébucher sa virilité.

C'est évidemment tout le contraire pour la femme : celle-ci trouve dans le baiser une pratique morphologiquement égalitaire, elle n'a pas à y endurer la violence de la pénétration génitale et peut facilement jouer le rôle de l'initiatrice ou de la meneuse. Sándor Ferenczi prétendait que l'acte sexuel reproduisait à l'échelle intime la lutte des sexes présente dans la société tout entière – de ce point de vue, le baiser a l'avantage d'être un territoire à part, un front sur lequel la stratégie favorite de la femme est l'attaque et celle de l'homme la fuite.

Malheureusement, passées les premières intuitions de Freud et Ferenczi, la littérature psychanalytique n'a guère approfondi le thème du baiser. Et pour cause : la sexualité infantile est devenue, sous l'impulsion d'Anna Freud ou de Melanie Klein, un objet de recherche à part entière, et la description du stade oral, une affaire de spécialistes de la petite enfance, un sujet dont on n'a plus traité qu'avec d'infinies précautions tant sur le plan théorique que clinique. Plus question de se lancer dans des raccourcis audacieux, à l'emporte-pièce, entre les pulsions du nourrisson et la quête de baisers de l'adulte...

L'un des seuls psychanalystes à s'être vraiment intéressé à la chose est le Britannique Adam Phillips, qui a publié un article stimulant, « *Plotting for kisses* » (« Comploter pour des baisers », non traduit), à l'automne 1987. Phillips y insiste, notamment, sur le fait qu'on ne peut pas parler en embrassant, si bien que dans le baiser, l'oralité (au sens érotique) fait barrage à l'oralité (au sens linguistique). « On voit qu'il y a différentes manières d'embrasser, mais ces styles ne sont pas faciles à décrire, car le baiser résiste à la représentation verbale. Il est frappant qu'il y ait peu de synonymes du verbe embrasser, alors qu'il y en a beaucoup pour désigner les autres formes de sexualité. »

Dans la perspective à la fois intimiste et sensible que propose Phillips, chacun possède une manière très personnelle d'embrasser, car le baiser renvoie à un vécu ancien et forcément singulier. « D'un point de vue psychanalytique, le baiser est une séquence révélatrice, contenant une histoire personnelle. La manière dont une personne embrasse et aime être embrassée révèle sous une forme condensée quelque chose du caractère de cette personne. » Au cours du baiser, quelque chose de la petite enfance ressurgit, éclôt, c'est pourquoi nous n'arrivons pas à raconter cette expérience ni à la saisir adéquatement par des mots. À l'époque de nos premières émotions, les plus intenses, nous ne possédions pas encore la parole, mais étions submergés par l'avalanche insensée des sensations. La variété des styles de baiser serait donc liée à la diversité des vécus infantiles. À chacun sa phase orale, dans laquelle entrait plus ou moins d'ambivalence, de cannibalisme, de douceur, de gourmandise, de frustration, d'amour, de manque, d'agitation ou de silence, de don ou de rejet : et ce sont précisément ces nuances qui détermineraient, plus tard, le caractère de nos baisers.

La sexualité ressemble, poursuit Phillips en reprenant le schéma freudien, à un cheminement. Au départ, la satisfaction est totale, puisque le sein maternel procure à la fois la nutrition et le plaisir. À la fin du stade oral, une première bifurcation s'impose : la tétée est recherchée pour elle-même, indépendamment de la nutrition. Après le sevrage, l'enfant n'a plus accès au sein ; il tète son pouce ou des parties de son corps. Mais la plénitude initiale est désormais manquante, et la quête sexuelle de l'adulte, à jamais marquée du sceau de l'insatisfaction. C'est pourquoi le vécu sexuel ressemble tout autant à une suite de jouissances qu'à une accumulation de déceptions. De même, le développement psychologique d'un individu, nous dit Phillips, est une sorte de « trauma cumulatif ». L'enseignement d'Adam Phillips est à la fois sage et empreint de résignation : il entend nous réconcilier avec le fait que nous ne verrons jamais nos désirs intégralement assouvis, de même que et précisément parce qu'il y a « impossibilité à embrasser sa propre bouche ».

Au final, même si la psychanalyse n'a pas vraiment fait du baiser un sujet central de son entreprise théorique, la révolution freudienne a tout de même doté cette expérience d'un nouvel arrière-plan philosophique, d'une nouvelle *profondeur*. Elle a en effet permis l'apparition d'un troisième âge métaphysique du baiser.

Comme on l'a vu, pour les lettrés de la Renaissance, l'âme aussi bien que l'harmonie cosmique étaient engagées dans l'union des lèvres. Pour les philosophes des Lumières, le baiser est devenu l'expression des passions que la nature a mises en nous. Or, avec Freud et ses successeurs, ce n'est plus la métaphysique de l'âme ni de la nature qui constitue la toile de fond de cette expérience, mais l'oralité. C'est désormais le stade oral qui est conçu comme la clé du plaisir que les amants éprouvent à s'embrasser.

Comme le néoplatonisme de Plotin ou encore la rêverie sur le « bon sauvage » de Rousseau, ce stade oral a de toute évidence une dimension mythologique : le corps de la Mère est décrit par la littérature psychanalytique comme une sorte d'océan, où prennent leur source à la fois les élans mystiques de l'adulte et sa quête du plaisir. Aux considérations pseudo-médicales sur la circulation des esprits vitaux dans le sang, les psychanalystes ont substitué des réflexions plus ou moins rationnelles sur la vie intra-utérine, sur le rôle de l'eau et du lait dans les premiers temps de la vie psychique. Chez Plotin, les âmes commencent par se détacher de leur union première avec l'Intelligence divine – de même que le sujet conquiert son autonomie, pour Freud, en se séparant progressivement de la Mère. Enfin, du point de vue psychanalytique, c'est à partir d'un objet naturel – le sein – que le sujet va organiser sa relation à l'espace et au monde ; une telle vision des choses est cohérente avec l'idée chère à un Rousseau ou à un Sade que la nature prime sur la culture.

Dans tous les cas, c'est d'un arrière-fond métaphysique que provient le sens véritable de l'expérience du baiser. Qu'il s'agisse de l'agencement du cosmos, des lois de la nature ou encore de notre passé le plus éloigné, cela revient plus ou moins au même. L'essentiel est que les raisons que nous avons d'embrasser, et la manière dont nous le faisons, se trouvent hors d'atteinte et échappent à toute maîtrise.

IX

Enfantillages

Je me souviens d'Anne-Cécile. Elle était courte, potelée, massive malgré son jeune âge, pas vraiment gracieuse. Elle avait des mains engoncées dans une petite couche de graisse qui lui faisait comme des manchons. Son front était barré d'une frange bien droite, taillée près des sourcils, en deux coups de ciseaux. Elle avait les cheveux noirs, aile de corbeau. Le point fort de sa physionomie, c'était sans aucun doute les grands yeux marron, deux grosses billes, ouverts et inexpressifs comme ceux de certains animaux. Anne-Cécile avait quatre ans, tout comme moi à l'époque.

C'est la première fille que j'ai embrassée. Nous nous sommes bisoutés sur la bouche, moitié pour imiter les adultes, moitié par attirance spontanée, sous l'auvent de la cour de l'école. Nous ne l'avons pas fait très souvent d'ailleurs, on pourrait compter ces occasions sur les doigts d'une main. Elle portait une cagoule de laine, moi aussi, ce devait être la mode, et nous avions des moufles. Le bout de son nez était légèrement rouge et ses lèvres me faisaient l'effet de n'avoir aucune saveur. Sans doute ne les ai-je pas goûtées assez longuement ; le summum de la transgression érotique dont nous étions capables, c'était un simple contact, et c'était déjà pas mal.

Dans la brume du temps, je crois discerner aussi des enjeux complexes qui s'étaient tissés entre Julien – la brute, l'ennemi public n° 1 – Mathieu – son lieutenant, un crétin souriant –, Anne-Cécile et moi. Un jour d'hiver, j'avais apporté quelques perles détachées d'un collier, que m'avait prêtées ma mère. J'avais sorti ce trésor de ma poche pendant la récré du matin. J'avais admiré longuement les morceaux de verre coloré sertis dans du laiton. Julien avait repéré le trésor, me l'avait arraché des mains et, avant même que je ne parvienne à le rattraper, avait balancé mes joyaux maternels adorés dans le trou d'un tout-à-l'égout. Je m'étais mis à pleurer. Anne-Cécile, qui me plaisait bien, que j'appelais déjà *mon amoureuse,* avait perçu mon chagrin. Pour me consoler, elle m'avait donné un smack. Mathieu s'était mis à piailler : « Alexandre et Anne-Cécile s'embrassent sur la bouche ! Ouh ! Ouh ! C'est dégueulasse... » Il était allé colporter la nouvelle dans toute la cour en sautillant et puis je ne sais plus, je crois que Julien avait frappé Anne-Cécile d'un coup de poing au visage, par jalousie ou par vengeance.

C'est par un raccourci trop rapide que j'ai fait débuter à l'adolescence cette enquête sur le baiser. J'ai passé un peu vite les tout premiers essais, les embrasements des cours de récréation. Elles ont pourtant leur importance, ces *eskisses.* Avec Anne-Cécile, c'était du sérieux. J'avais l'impression de lui donner une partie de moi-même en l'embrassant, et réciproquement, qu'elle me livrait une part d'elle-même. Ce quelque chose, c'était : *la confiance en l'avenir.* Dans mon esprit d'alors, il était évident et limpide qu'Anne-Cécile et moi passerions notre vie ensemble. Nous avions une somme incalculable, éternelle, d'années devant nous. C'était une promesse d'éternité sans arrière-pensée et sans contrepartie que nous nous offrions, dans un état d'insouciance dont les adultes sont bien incapables. Nous étions immortels et nous

nous étions choisis. Les qualités et les humeurs des êtres changent vite ; cependant, si nous éprouvons de l'amour pour la part d'enfance immortelle de l'autre, il n'est pas impossible que celle-ci perdure.

Le cours des choses en a bien sûr décidé autrement. Anne-Cécile et moi n'avons pas intégré le même établissement en primaire – par un curieux concours de circonstances, elle a rejoint le bâtiment de l'ancienne *école des garçons* et moi celui de l'*école des filles,* éloignés de quelques mètres –, si bien que nous nous sommes perdus de vue. J'ai éprouvé du regret, une sensation d'oppression quand je ne l'ai pas retrouvée dans la cour au premier jour du CP. Je me rappelais nos baisers insipides sous l'auvent : n'avaient-ils servi à rien ? N'étions-nous pas définitivement liés par ces câlins échangés dans un recoin obscur d'une cour de maternelle ? Je serrais les dents, manquais de pleurer. J'ai pensé à Anne-Cécile tous les soirs dans mon lit avant de m'endormir, pendant quelques semaines au moins. J'ai beaucoup rêvé d'elle. Et je suis passé à autre chose.

Trois ans et demi plus tard, au square, je l'ai revue. Elle avait grandi, mais elle avait gardé son côté garçon manqué, balourd. En fait, elle ne me plaisait plus. J'ai bien essayé de lui montrer mes jeux, mes cachettes, mes réserves de bâtons planquées dans les buissons, les passages secrets que j'aimais arpenter à travers les bosquets du jardin – rien n'y faisait. Elle me suivait sans commentaire. Et puis j'ai compris ce qui clochait, pourquoi elle ne m'intéressait plus : elle n'avait pas appris à parler. Elle était aussi muette à huit ans qu'à quatre, et moi entre-temps j'étais devenu un vrai moulin à paroles, j'aimais discourir, me lancer dans des joutes oratoires avec les adultes, donner mon avis sur tout. Elle n'était qu'une oreille. C'est bien, une oreille. C'est même réconfortant pour un bavard. Mais peut-on s'amouracher d'une oreille ? Nous nous sommes dit « au revoir » et ne nous sommes plus jamais revus. J'ai compris que le baiser d'Anne-Cécile n'était pas Anne-Cécile. J'ai dû me rendre à cette conclusion nouvelle pour moi : un baiser peut-être impersonnel, comme un événement détaché de tout sujet, hors temps. Et n'en être que plus fort. Il y a des baisers dont la seule qualité est d'avoir eu lieu. Et qu'on peut garder en soi comme des bouts de verre qu'on a choisi de prendre, sans s'inquiéter de leur valeur, pour des diamants.

Et puis, il y a Sophie. Avec elle, j'ai vécu un passage très insolite de mon enfance, une *initiation inversée.* Sophie était maigre, blonde, elle avait des yeux d'un bleu de pluie et l'expression d'un chaton qui vient de croquer une ortie. Au contraire d'Anne-Cécile, elle était de celles que tout le monde trouve jolies dès le premier regard ; elle correspondait aux critères. Son corps élancé avait de fines attaches et ne pesait rien, on aurait dit une ballerine. Seulement, il y avait un problème : Sophie avait six ans et j'en avais dix et demi. Elle était au CP et moi au CM2. Elle mesurait bien quarante centimètres de moins que moi. C'était la *honte.* C'était une gamine, un bébé Cadum... et pourtant, elle a fini par m'avoir. Par me marabouter.

Dès la première fois qu'elle m'avait vu, elle avait jeté son dévolu sur moi. Sans raison. Elle me courait après dans la cour, sans arrêt, me sautait dessus pour me couvrir de bisous et me dire qu'elle m'aimait. Avec ses copines, c'était devenu un jeu. Elle se faisait aider, ainsi elles étaient cinq ou six à me bloquer pour que Sophie puisse me grimper dessus, m'embrasser les mains, les oreilles, les joues, tout ce qui tombait à sa portée. Au début, je ne me laissais pas faire bien sûr, je distribuais allègrement les baffes et les coups de pied. Mais à quoi ça rime de frapper une fillette qui veut vous chérir ? J'ai fini par baisser la garde, ça n'a pas diminué son ardeur. Elle avait un désir si impérieux qu'elle est parvenue à briser une des lois les plus respectées de l'école : un *grand* était désormais maqué avec une *petite*.

Nous allions chez moi – où il n'y avait personne, en général – ou chez elle. Je me souviens de sa mère. Elle était âgée, on aurait dit une grand-mère. Elle avait des cheveux blancs tout bouclés. Elle vivait seule, restait à la maison, ne semblait pas travailler. Elle laissait faire. Il n'était même pas nécessaire de nous cacher, d'aller dans la chambre et de fermer la porte : sous le regard maternel, Sophie m'embrassait de plus belle. Sur les joues et puis dans le cou. Sur la nuque. Sous les bras. Au creux des genoux. Sur la bouche. Ça l'amusait d'innover, de tenter de nouvelles combinaisons. J'étais fiévreux et nauséeux, je me sentais manipulé en tous sens par un petit animal insatiable. C'était grotesque et c'était bon. Sophie était totalement déréglée, impossible à calmer.

Chez elle, nous avions aussi un jeu (le seul, à part les bisous, que nous ayons eu le temps de faire ensemble) : nous nous plantions devant le gros pouf noir du salon, mettions les bras dans le dos et nous laissions tomber en avant, raides comme des planches, dans le cuir roide. Le défi, c'était de ne pas fermer les yeux et de ne pas détourner la tête avant le choc. Boum ! À chaque fois, la rigolade. Rétrospectivement, je ne peux pas m'empêcher de voir un rapport étroit entre ces chutes et nos premiers basculements dans la sensualité, entre le contact de la croûte de cuir bien sèche et celui des lèvres de Sophie toujours trempées. Nous apprivoisions la peur.

L'été est néanmoins arrivé, j'ai déménagé et n'ai jamais revu Sophie. Je ne sais pas si nous aurions continué à nous voir. Un collégien se promenant main dans la main avec une petite du CE1... Est-ce possible, est-ce vraiment une option existentielle *viable* – ou bien cela aurait-il dégénéré en fait divers ?

Aujourd'hui, je me demande où elle en est. Ai-je assisté aux prémices d'une psychose érotomaniaque ou d'une nymphomanie caractérisée ? Avait-elle été abusée – ce qui aurait pu expliquer son attitude dévergondée, sa séduction savante, son sans-gêne ? Sa mère avait-elle été complice ? Je n'ai pas la réponse à ces questions et la personnalité de Sophie me reste, encore à ce jour, opaque. Mais à quoi bon la juger – et sur quels critères ? La morale, les lois de la psychogénèse ? Elle avait tout simplement une langueur d'avance.

X

Un curieux embarras de la langue

Longtemps, la lecture des romans est passée pour une activité de jeune fille. On s'y livrait dans le silence d'un boudoir ou dans l'ombre d'un jardin parfumé, et ces historiettes comprimaient la poitrine des demoiselles, leur faisaient monter des soupirs aux lèvres. Si lire des ouvrages de fiction semblait un loisir futile, en écrire n'était guère plus estimé. Le roman était un genre mineur, avec ses petits maîtres – en Angleterre surtout, Samuel Richardson, Henry Fielding – ou encore, chez les Français, l'abbé Prévost ou le jeune Marivaux. Ceux-là ne jouissaient nullement du prestige des dramaturges et des poètes.

Or, pour conquérir ses lettres de noblesse en tant qu'art, pour devenir un authentique lieu d'innovation stylistique, un outil de connaissance de la société et du monde, le roman moderne a dû commencer par renier ses origines roses (et noires : outre les romans d'amour, le XVIIIe siècle avait vu se développer un commerce florissant de récits de faits divers et de crimes sordides). Du coup le baiser, ingrédient obligatoire des intrigues de l'âge classique, s'est trouvé déclassé dans les fictions modernes. Plus question de caresser les midinettes dans le sens du poil ! Fini la « bouche de rose » touchée par le « feu du ciel » et le « cœur se mourant sous le poids de la volupté » ! Les romanciers du XIXe et du XXe siècle n'ont pas été, dans l'ensemble, de fervents promoteurs du baiser – contrairement à Jean-Jacques Rousseau, ils ne l'ont pas investi d'un sens supérieur. Il est même amusant d'observer la manière dont ils rusent et biaisent avec le thème, cherchant à l'aborder par des chemins détournés, rivalisant d'astuce pour ne pas tomber dans le cliché.

À cette fin, il n'est pas rare qu'ils cherchent à tuer dans l'œuf l'émotion qu'ils risquent d'inspirer. C'est la technique du *chaud et froid,* chère à Stendhal :

> « Il crut de son devoir de donner un baiser à madame de Rênal. Rien de moins amené, rien de moins agréable, et pour lui et pour elle, rien de plus imprudent. Ils furent sur le point d'être aperçus. »
> *Le Rouge et le Noir* (1830)

Et que ne reniera nullement un Flaubert :

> « Et elle le baisa comme une mère. »
> *L'Éducation sentimentale* (1869)

Ou encore, plus près de nous, Marguerite Duras :

> « Dans le baiser il pleurait. »
> *L'Amant* (1984)

Pour surprendre le lecteur, une autre astuce consiste à glisser dans la scène de baiser une *observation psychologique* insolite. Après des mois d'une attente douloureuse et passionnée, le héros de *Lolita* de Vladimir Nabokov, Humbert Humbert, parvient enfin à embrasser la nymphette de douze ans qui l'obsède. Mais l'impression qu'il retire de cette petite victoire le déconcerte :

> « Comble de délire et d'embarras pour moi, elle fit preuve de raffinements assez comiques : son baiser avait je ne sais quoi de papillonnant et de butinant qui me porta à conclure qu'elle avait été initiée à un âge précoce par une petite lesbienne. »
> (1955)

Sur le terrain de la psychologie, l'apport de Marcel Proust est évidemment incontournable : l'auteur de la *Recherche* est en effet l'inventeur du *microscope de l'âme* – c'est-à-dire que son art consiste tout entier, en distendant la longueur des phrases, à allonger le temps de conscience des personnages pour isoler les tonalités les plus fugitives, les plus subtiles de leurs sentiments – si bien qu'il nous donne l'impression d'en savoir plus que quiconque sur l'être humain, tout en présentant une sorte de diaporama de la vie intérieure qui ne ressemble à rien de ce que nous autres éprouvons vraiment. Nul étonnement, donc, qu'une des meilleures descriptions de baiser modernes figure dans *Un amour de Swann*. Il s'agit de cette scène où Swann, en fiacre, raccompagne chez elle Odette ; il va l'embrasser pour la première fois. Pour mieux savourer cet instant, Swann imite son créateur, c'est-à-dire qu'à la manière de Proust il provoque un arrêt sur image, une pause. Il veut contempler le visage d'Odette et le garder en mémoire, tel qu'il lui apparaît juste avant que leurs lèvres ne se touchent. Ce visage, il sait pertinemment qu'il ne le verra plus jamais de la même façon :

> « En une attitude qui sans doute lui était habituelle, qu'elle savait convenable à ces moments-là et qu'elle faisait attention à ne pas oublier de prendre, elle semblait avoir besoin de toute sa force pour retenir son visage, comme si une force invisible l'eût attiré vers Swann. Et ce fut Swann, qui, avant qu'elle le laissât tomber, comme malgré elle, sur ses lèvres, le retint un instant, à quelque distance, entre ses deux mains. Il avait voulu laisser à sa pensée le temps d'accourir, de reconnaître le rêve qu'elle avait si longtemps caressé et

d'assister à sa réalisation, comme une parente qu'on appelle pour prendre sa part du succès d'un enfant qu'elle a beaucoup aimé. Peut-être aussi Swann attachait-il sur le visage d'Odette non encore possédée, ni même encore embrassée par lui, qu'il voyait pour la dernière fois, ce regard avec lequel, un jour de départ, on voudrait emporter un paysage qu'on va quitter pour toujours. »
(1913)

Le visage de la femme « non encore possédée » comme un paysage auquel il faut faire en silence ses adieux : le sens proustien du détail est ici à son plus haut niveau.

Mais il existe une autre stratégie pour évoquer avec originalité le baiser qui consiste, non pas à lui accoler une remarque psychologique surprenante ou profonde, mais à recourir aux possibilités de la langue elle-même. Il s'agit le plus souvent de frapper l'esprit du lecteur par une *image détonante*. Où l'on découvre les romanciers capables de faire feu de tout bois, chêne, feuille de chou, hostie ou même cadavre :

« Plus loin, sous ce chêne, ils avaient échangé leur premier baiser. Le chêne conservait l'odeur de ce baiser, les mousses elles-mêmes en causaient toujours. »
Émile Zola, *La Faute de l'abbé Mouret* (1875)

« Il l'embrassa timidement, tout comme un petit lapin aux longues oreilles roses ; lui donna un petit coup de bec sur les lèvres, comme s'il mordillait une feuille de chou. »
Henry Miller, *Tropique du Cancer* (1934)

« Avec respect je baise ses très jolies dents et elle alors, gravement, la seconde fois sur quelques notes plus haut que la première : "La communion se passe en silence... La communion se passe en silence." C'est, m'explique-t-elle, que ce baiser la laisse sous l'impression de quelque chose de sacré, où ses dents tenaient lieu d'hostie. »
André Breton, *Nadja* (1928)

> « Quelle que soit l'horreur du meurtrier devant sa victime, il ne lui faut pas moins cacher le cadavre, le couper en morceaux, profiter du crime commis. Alors, avec une rage frénétique, il se jette sur le cadavre et l'entraîne pour le mettre en pièces. C'est ainsi que Vronski couvrait de baisers le visage et les épaules d'Anna. »
> Léon Tolstoï, *Anna Karénine* (1877)

L'image n'est pas la seule manière de produire un accident stylistique. On peut aussi obtenir un effet tout à fait savoureux avec un jeu de mots – bien que ce dernier procédé soit beaucoup plus rare :

> « Lamélie fermait les yeux et se consacrait religieusement à la languistique. »
> Raymond Queneau, *Les Fleurs bleues* (1965)

Résumons : l'enjeu, pour les romanciers de la période moderne puis contemporaine, est de trouver, lorsqu'ils décrivent un baiser, un juste milieu. Il leur faut éviter deux écueils. D'un côté, la platitude :

> « Ses lèvres douces, fraîches se mirent à couvrir tout mon visage de baisers... Elles touchèrent mes lèvres... »
> Ivan Tourgueniev, *Premier Amour* (1860)

De l'autre, la boursouflure. Cette dernière est plus dommageable encore que la banalité. Dans le flot d'une histoire bien ficelée, une phrase convenue, un stéréotype est vite emporté et pardonné – mais un lyrisme puéril, une énumération pesante, des métaphores téléphonées font douter du talent de l'auteur. C'est pourquoi l'emphase d'un Albert Cohen est absolument à proscrire, quand il se lance à l'assaut de cet Everest de gélatine sentimentale :

> « Ô débuts, deux inconnus soudain merveilleusement se connaissant, lèvres en labeur, langues téméraires, langues jamais rassasiées, langues se cherchant et se confondant, langues en combat,

mêlées en tendre haine, saint travail de l'homme et de la femme, sucs des bouches, bouches se nourrissant l'une de l'autre, nourriture de jeunesse, langues mêlées en impossible vouloir, regards, extases, vivants sourires de deux mortels, balbutiements mouillés, tutoiements, baisers enfantins, innocents baisers sur les commissures, reprises, soudaines quêtes sauvages, sucs échangés, prends, donne, donne encore, larmes de bonheur, larmes bues, amour demandé, amour redit, merveilleuse monotonie. »
Belle du seigneur (1968)

(À sa décharge, le même Albert Cohen avait eu trente-huit ans plus tôt cette trouvaille incroyablement efficace, dans *Solal* : « Baiser, soudure de deux tubes digestifs. » Mais il est vrai qu'il y avait mis toute la fougue d'un jeune homme.)

Si éloquents soient ces passages, les romanciers contemporains n'ont pas pour autant contribué à forger une nouvelle métaphysique du baiser. Leur apport en la matière s'apparente davantage à une collection de bons mots et de réflexions plus ou moins percutantes, sans qu'aucun horizon de sens cohérent ne se dessine. Rien à voir avec le sexe – tout au long du XXe siècle, les romanciers ont eu le génie d'anticiper, d'accompagner puis de tirer le bilan de la libération des mœurs ; ils ont présenté à leurs lecteurs une large gamme de tempéraments sexuels mais aussi de déclinaisons possibles du problème existentiel du désir. Quant au baiser, il s'est maintenu bon an mal an, jusqu'à nos jours, comme un ingrédient de base de la cuisine narrative, agréable sans plus. C'est un thème sur lequel on propose des variations, sans le révoquer ni le révolutionner.

Par contraste, remarquons qu'il est un autre domaine du langage écrit où, les mots n'ayant pas fonction d'*évoquer,* mais seulement de *communiquer,* les usages ont paradoxalement évolué de façon plus troublante. Ce domaine n'a rien à voir avec la littérature ni avec la création – il s'agit bien plutôt de l'écriture courante, professionnelle ou privée. Je veux parler de ces expressions toutes faites, apparemment innocentes et anodines, par lesquelles nous avons l'habitude de conclure nos lettres ou mails, cartes postales ou SMS.

Si l'on tient à marquer une distance, on peut écrire « Bises », histoire d'assaisonner son message d'un zeste final d'affection. Mais le « Je t'embrasse » jouit d'une incroyable latitude d'utilisation, qui peut s'employer à l'attention de n'importe quel destinataire ou presque, sans qu'il soit jugé déplacé. Vous pouvez conclure par un « Je t'embrasse » un mail adressé à un collègue ou une vague connaissance, une amie d'ami, un homme ou une femme, sans qu'il vous soit prêté une arrière-pensée spéciale. Vous pouvez même l'adresser à quelqu'un que vous n'embrassez jamais pour de vrai. À la rigueur, si vous recevez une lettre qui s'achève par le mot « Baisers », cela peut aussi passer pour un témoignage de sympathie, superlatif mais chic. L'emploi de ces formules varie bien évidemment en fonction du milieu socioprofessionnel, et du niveau d'intrication de la subjectivité et de l'objectivité qui y règne. On n'écrirait pas « Bises » à un expert-comptable ou à un agent du Trésor public, ces métiers se coltinant l'exacte neutralité des nombres. À l'inverse, dans les milieux où la créativité, et donc un haut degré d'implication personnelle dans le travail, passe pour une marque de professionnalisme, comme le monde de l'édition, la presse ou la publicité, il est de bon goût de s'embrasser à tout bout de mail.

Combien de fois m'est-il arrivé de lire « Je t'embrasse » ou « Baisers », et de me demander si c'était du lard ou du cochon, si j'étais en droit d'interpréter cela comme l'aveu d'un désir, d'une dilection particulière, ou si ma correspondante avait simplement pour habitude de terminer ses messages ainsi ? Et ce n'est pas le moindre des charmes de la chose, que l'ambiguïté soit entièrement tacite, qu'on ne dispose pas de clés pour décadenasser ces petits mystères.

Par l'effet de l'habitude, des conventions de lecture, la formule qui précède la signature est de toute façon banalisée. C'est pourquoi le bas des lettres est ce lieu unique, cet emplacement stratégique où l'on peut écrire « Je t'embrasse » comme s'il s'agissait d'un simple « Salutations distinguées ». Il y a là une marge de manœuvre peu courante laissée à l'expression des sentiments humains sous le masque de la politesse : on aurait tort de ne pas en profiter.

XI

C'était du cinéma

1939. Sur toutes les toiles du monde, Clark Gable, sanglé dans une redingote noire, aussi rutilante que sa chevelure impeccablement gominée, s'entretient avec Vivien Leigh. Tandis qu'il parle, il grimace un peu trop, faisant rouler ses yeux globuleux et ses lèvres pulpeuses et sa moustache brune comme un joueur de bonneteau ou un matador hâbleur. Elle fait mine de s'en aller, il la retient vigoureusement par le coude, la retourne et la plaque contre lui. Le geste est sans appel, la saisie directe et virile. Il l'embrasse. Elle est d'abord contractée, tient les épaules serrées. Elle étouffe, ses poumons cherchent l'air, elle se débat pour s'échapper. Mais il la domine bien d'une tête et l'enserre dans ses bras incontournables. Elle finit par fondre, à l'image de sa moralité. Tendre reddition... Zoom arrière, on voit Vivien Leigh enveloppée dans une immense robe de crêpe noire armée d'un vertugadin. Elle ploie, se laisse porter, le corps suspendu par la bouche, dirait-on : princesse en apesanteur.

1953. La caméra est d'abord tournée vers le large, la ligne d'horizon. La mer enfle, une vague écumeuse s'écroule vers le spectateur. L'objectif pivote et l'on découvre, sur le sable de la plage, un couple enlacé. Deborah Kerr, en maillot de bain à bonnets, est allongée sur le dos et jonche le sable. Burt Lancaster est étendu sur elle ; les méplats de son dos puissant font jouer le noir et blanc de la pellicule. La vague les recouvre, les éclabousse de la tête aux pieds. Mouillés, les cheveux fous, la peau hérissée de gouttelettes, ils se lèvent, courent sur quelques mètres comme s'ils étaient ivres et qu'ils ne tenaient plus debout. Deborah se laisse tomber la première, elle s'offre. Burt s'arrête un instant. Il a une mâchoire de bétonneuse, un front de chasse-neige, des épaules de moissonneuse-batteuse. Après une seconde d'hésitation, il la rejoint pour cette nouvelle étreinte.

Si, dans *Autant emporte le vent,* c'était l'homme qui dirigeait les opérations, qui s'emparait de sa partenaire, la bloquait jusqu'à ce qu'elle cède, quatorze ans plus tard, c'est l'inverse : dans *Tant qu'il y aura des hommes,* c'est la femme qui suscite le désir et mène la danse.

Entre ces deux dates, le début des années 1940 et la mi-temps des années 1950, *Hollywood* est presque synonyme de *french kiss* (preuve en est : lorsqu'en 1952 une marque de chewing-gums mentholés pour rafraîchir l'haleine se lancera sur le marché, elle prendra tout naturellement le nom d'Hollywood Chewing-gum, l'association d'idées étant immédiate dans l'imaginaire collectif). Rien ne symbolise mieux la magie du cinéma que les quelques secondes où les bouches des acteurs convergent l'une vers l'autre – car tel est bien le moment culminant de chaque film, qu'on attend en retenant sa respiration dans le secret des salles obscures.

D'ailleurs, j'ai cité *Autant en emporte le vent* et *Tant qu'il y aura des hommes,* mais bien d'autres scènes sont restées dans les annales : dans *Camille* (1936), Greta Garbo couvre d'une pluie de baisers le visage de Robert Taylor ; en 1937, la Blanche-Neige de Walt Disney s'éveille de son sommeil de pierre quand les lèvres du prince viennent se poser sur les siennes ; un Errol Flynn aux cheveux ridiculement passés au fer à friser escalade les murs du château de Nottingham pour embrasser Olivia de Havilland dans *Les Aventures de Robin des Bois* (1938) ; Joan Fontaine tente par la chaleur de ses lèvres de chasser sur celles de Laurence Olivier le souvenir glacial d'une morte dans *Rebecca* (1940), d'Alfred Hitchcock ; Humphrey Bogart attrape, comme le rugbyman son ballon ovale, le visage de Mary Astor, et l'embrasse tout en lui enfonçant ses pouces profondément dans le gras des joues, dans le *Faucon maltais* (1941) ; « Embrasse-moi, embrasse-moi comme si c'était pour la dernière fois », demande, suppliante, Ingrid Bergman au même Humphrey Bogart dans *Casablanca* (1942) ; plus rusée cette fois-ci, Ingrid Bergman serine à Gary Cooper, un an plus tard : « Si je savais embrasser, je vous embrasserais. Mais que faut-il faire avec les nez ? », se voyant offrir gratis une leçon de travaux pratiques dans *Pour qui sonne le glas ?* (1943) ; à quarante-quatre ans, Humphrey Bogart cueille encore la bouche de dix-neuf printemps de Lauren Bacall dans *Le Port de l'angoisse* (1944), avant de l'épouser dans la vraie vie ; c'est donc sa jeune épouse qu'il embrasse avec un amour non simulé dans *Le Grand Sommeil* (1946) ; Lana Turner, sans un mot, se remet du rouge à lèvres après que John Garfield lui a goujatement imposé un gros bec dans *Le facteur sonne toujours deux fois* (1946) ; Vivien Leigh tente de résister à un désir sexuel compulsionnel, pathétique et autodestructeur lorsqu'elle embrasse Wright King dans *Un tramway nommé désir* (1951) ; au-dessus du cimetière d'Innisfree, le ciel se remplit d'éclairs et tonne, des trombes d'eau se mettent à tomber et font adhérer la chemise de John Wayne à sa peau, tandis qu'il enlace d'un geste protecteur Maureen O'Hara et l'embrasse passionnément, dans *L'Homme tranquille* (1952) ; c'est au contraire sous un soleil triomphal que *Chantons sous la pluie* (1952) s'achève par le baiser théâtral de Gene Kelly et Debbie

Reynolds ; une ombre s'avance sur le visage de James Stewart endormi, l'alerte, il ouvre les yeux, et Grace Kelly laisse choir sur lui un baiser dont on ne sait s'il appartient à la veille ou au rêve, dans *Fenêtre sur cour* (1954)...

Le succès de ces films a eu un effet planétaire inattendu : c'est en effet Hollywood qui est responsable de la mondialisation du baiser, bien plus récente qu'on aurait tendance à le penser. Avant que ces scènes ne déteignent sur les mœurs des cinq continents, le baiser amoureux était une pratique peu ou prou inusitée en Afrique subsaharienne, en Asie mais aussi en Australie ou chez les Amérindiens. Spécialité locale, le baiser a connu le même destin que la pizza, qui se consomme aujourd'hui tout autour de la Terre.

Encore faut-il préciser, aussitôt, que cette globalisation est restée inégale. On estime qu'un être humain sur dix, à l'heure actuelle, n'embrasse pas. Une récente étude montrait qu'en moyenne, au Japon, le mari ne donne à sa femme qu'un demi-baiser par jour (« On ne nourrit pas le poisson qu'on a pêché », dit un proverbe de l'archipel). C'est mieux qu'en Corée, où la ration quotidienne chute à un quart de smack. En Chine, on s'embrasse deux fois et demie par jour, moyenne encore éloignée du record hexagonal, puisqu'en France, les couples échangent sept baisers journaliers.

De façon ironique, l'omniprésence du baiser dans les films hollywoodiens, si elle a sans aucun doute contribué à la libération des mœurs un peu partout dans le monde, correspond historiquement aux États-Unis à un retour en force de l'ordre moral.

En effet, au début des années 1930, les majors voyaient leur réputation menacée par des scandales en cascades : des rumeurs d'orgies dans le milieu des nababs et des starlettes de

Los Angeles étaient largement relayées par les tabloïds ; les affaires d'adultère, les révélations sur la bisexualité des acteurs se multipliaient ; plusieurs cas d'overdose avaient ému l'opinion. Le cinéma muet lui-même n'était pas avare en scènes de débauche ou d'ivrognerie. Les plaintes et les assignations en justice par les ligues de vertu se multipliaient. Pour éviter une intervention de l'État fédéral, les majors ont donc décidé de remédier elles-mêmes à leur propre turbulence : elles ont choisi de s'imposer un code de censure, baptisé le code Hays, du nom du sénateur qui en fut la cheville ouvrière. L'application en fut confiée à une nouvelle entité indépendante, l'Administration du code de production, dirigée par un certain Joseph Breen de 1934 à 1954.

Ainsi, Breen est devenu du jour au lendemain l'homme le plus influent d'Hollywood, le seul à pouvoir ordonner de modifier la tournure d'un scénario, de retirer une scène ou de la faire rejouer selon ses directives. D'après les photos que nous avons de lui, Joseph Breen n'avait rien d'imposant. Les cheveux grisonnants, un regard vif adouci par des sourcils très fournis, le menton rond comme une balle de ping-pong flottant sur la graisse du cou, il avait au contraire l'allure d'un père de famille affable. Il mesurait un mètre soixante-treize, taille honorable pour l'époque mais pas de nature à en remontrer aux grands fauves. Animé par un intérêt sincère pour le cinéma, il était toujours prêt à négocier avec les réalisateurs, à discuter l'orientation morale de leur œuvre, plutôt que d'imposer un caviardage obtus. Catholique éduqué chez les jésuites, il avait épousé son grand amour de jeunesse, dont il avait eu six enfants. On sait que les biographes s'amusent à fouiller dans la vie des censeurs et des pères Fouettard, à la recherche de détails peu reluisants, de perversions secrètes : or, dans la vie de Joseph Breen, rien de tel. Il croyait en Dieu et aimait son métier, qu'il considérait comme une sorte de mission divine – puisque le cinéma américain avait, par son rayonnement international, charge d'âmes, et qu'il influençait la vision du monde de dizaines de millions de spectateurs.

Mais venons-en au contenu du code Hays lui-même. Sur le chapitre des mœurs et de la sexualité, ses directives étaient précises : le code interdisait de peindre l'adultère sous un jour positif ; de montrer des danses suggestives ou des acteurs se déshabillant ; il proscrivait toutes les scènes se déroulant au lit ou dans des chambres à coucher. Les liaisons interraciales étaient bannies. De façon générale, les films étaient censés inspirer le respect de l'amour conjugal et des valeurs familiales. Si, par nécessité dramatique, les scénarios en venaient à révéler la face obscure de l'être humain, sa violence ou sa lascivité, ce ne devait être là que des complications, des péripéties indispensables à l'intrigue, jamais des fins en soi : le mal n'était toléré que comme obstacle momentané au triomphe du bien. À la lecture des douze principes fondamentaux du code Hays, une conclusion s'impose : la seule chose que pouvaient encore montrer les réalisateurs américains à l'écran, entre 1934 et 1954, en fait d'érotisme, c'était le baiser. Et encore, le code recommandait d'éviter les « baisers excessifs », donc il fallait s'en tenir, même dans ce domaine, à une certaine mesure.

Curieusement, le code contient aussi une réflexion simple mais profonde sur l'art, et plus particulièrement sur la différence entre littérature et cinéma. « La réaction d'un lecteur à un livre dépend principalement de la finesse de l'imagination du lecteur ; la réaction d'un spectateur à un film dépend quant à elle de la vivacité des images qui lui sont présentées » : autrement dit, il est légitime que la littérature jouisse d'une plus grande permissivité que le cinéma, les mots permettant de filtrer la violence passionnelle, de tamiser ou d'intellectualiser l'exposition du vice. La littérature est une forme d'expression élitiste en cela qu'elle est d'autant plus suggestive que le lecteur est plus intelligent, tandis que les images ont la faculté d'impressionner le premier venu et ne facilitent guère la prise de recul.

À quoi l'on pourrait ajouter encore ceci : la caméra possède un étrange pouvoir, puisque cet outil fonctionne comme un *inverseur d'authenticité.*

Essayez de vous filmer en train d'embrasser l'être que vous aimez. Aussi intense soit ce baiser, sa restitution hyperréaliste à l'écran sera toujours un sacrilège, une réduction à deux dimensions d'un geste plurisensoriel, chargé d'une signification émotionnelle et spirituelle spéciale à vos yeux. L'aura de votre baiser d'amour aura été éventée, sa vérité sera pixelisée, banalisée, voire légèrement ridiculisée. Le caméscope détruit l'authenticité des circonstances vécues pour n'en conserver qu'une pâle copie, une trace appauvrie.

Mais revenons à Clark Gable enserrant Vivien Leigh, ou encore à Burt Lancaster enlaçant Deborah Kerr dans ses bras puissants sur le sable d'une plage du Pacifique : cette fois-ci, le baiser initial n'a aucune espèce d'authenticité. Il est artificiel, joué, fabriqué pour les caméras. Mais curieusement, le Cinémascope pare de l'intensité du réel cette grossière simulation, il donne vraisemblance à un simple jeu d'acteurs.

Et c'est précisément ce renversement ou cet entre-deux qui fait le charme des baisers de cinéma. Le spectateur hésite, se demandant s'ils sont feints ou non. Souvent, les lèvres des acteurs ne se collent pas, mais s'évitent discrètement ; l'homme embrasse le menton de la femme. Les oscillations légères des têtes semblent résulter de l'agitation des langues, mais il n'en est rien. Les paupières se ferment par pure convenance. Cependant, il n'est pas impossible que l'un des deux acteurs s'implique personnellement dans la scène, qu'Humphrey Bogart ne joue plus la comédie quand il goûte la saveur des lèvres de Lauren Bacall, ou encore que Maureen O'Hara éprouve un trouble involontaire à se trouver blottie contre le torse de John Wayne. Les acteurs sont payés pour mimer, mais nous ne savons rien de ce qu'ils éprouvent en leur for intérieur : telle est la marge d'incertitude qui confère à leur baiser une aura spécifique. Il y a en lui une part de vérité qui nous reste définitivement inaccessible, fermée, et que nous essayons de déchiffrer sans la toucher.

D'ailleurs, à partir du moment où le code Hays est tombé en désuétude (historiquement, il a été appliqué par Geoffrey Shurlock, l'adjoint de Breen, de 1954 à 1968, et considérablement assoupli durant cette période, avant d'être abandonné), les baisers hollywoodiens ont complètement perdu leur intérêt. Les acteurs ont commencé à coller leurs bouches, à mélanger leurs langues, à se baver dessus. Plus ils ont renoncé à simuler, et plus la puissance cinématographique du geste a diminué. Le vertige lié à l'incertitude s'est évanoui au profit d'un réalisme désenchanté. Rien de plus prosaïque qu'un homme et une femme se roulant une galoche : tel est le point faillible du cinéma après Breen.

Mais peut-être aussi est-ce une question de temps. Pour bien exprimer l'intensité du baiser, les arts qui opèrent une coupe longitudinale dans la flèche du temps, qui ont pour fonction principale d'immobiliser l'instant, sont clairement avantagés. À ses débuts, le cinéma avait encore partie liée avec la photographie. Noir et blanc, il ne fournissait du réel qu'une copie étrange, compassée, arythmique. L'âge d'or d'Hollywood, c'est aussi l'époque des caméras sur trépied, des dialogues chiadés et de jeux scéniques empruntés au théâtre. À mesure que le dynamisme dément du monde contemporain a explosé sur les toiles en Technicolor, il n'était plus question de montrer des étreintes ralenties et sirupeuses.

Rien de tel, pour mesurer cette évolution, que de comparer les premiers James Bond aux épisodes plus récents de la série. Dans *James Bond contre le Dr No* (1962), Sean Connery fait la connaissance d'une certaine Eunice Gayson. Elle braque sur lui de grands yeux bleus, ombragés par des paupières lasses et lourdement fardées ; un mouvement imperceptible, quelque chose comme le frissonnement des ailes d'un papillon qui s'envole, parcourt la pulpe de ses lèvres peintes : il l'embrasse. *Cut,* on voit un avion de la Pan America se préparer à l'atterrissage, le symbole phallique est un peu lourd mais comique. Quarante ans plus tard, dans *Meurs un autre jour* (2002), Pierce Brosnan couche avec Halle Berry. Féline, coiffée à la garçonne, elle va et vient sur lui, transpire et gémit, de temps à autre ils s'embrassent – cette fois-ci, aucun simulacre. Le baiser est le seul élément non feint de la scène sexuelle, qui permet de donner à celle-ci une certaine force de conviction. Il sert à attester la réalité d'un coït en cours.

Mais l'essentiel est ailleurs : en l'espace de quarante ans, les séquences d'érotisme ont complètement changé de fonction narrative dans la construction des scénarios. Au début des années 1960, chaque baiser est un temps fort, soigneusement amené par une montée en intensité et suivi d'une scène de transition ou d'accalmie. Dans les films des années 2000, les moments où le héros bécote l'une de ses *James Bond's girls* sont là pour délayer l'intrigue, pour permettre au spectateur de souffler, au niveau d'adrénaline de retomber avant l'action suivante. Corps bodybuildés, à la musculature luisante d'huile, s'agrippant, se cabossant ou se mordant ; courses-poursuites, carambolages et tôles déchirées ; sauts vertigineux, explosions et pluies de balles : c'est le combat qui prime. L'instant où l'acteur et l'actrice se retrouvent collés l'un à l'autre dans une chambre, c'est celui où l'on respire. Enfin, un peu de pénombre, des mouvements plus lents, des cadrages incomplets, des mises au point plus floues. Le sexe repose. Mais on ne s'en émeut pas et on n'y croit guère – car on sait que d'ici quelques secondes, les choses sérieuses, c'est-à-dire le *struggle for life,* devront reprendre.

Chaque art, semble-t-il, est amené à parcourir un cycle. Il s'impose d'abord comme une puissance d'illusion, un pur artifice. Puis il se dépouille progressivement, laissant tomber un à un les voiles dont il pare le réel. Paradoxalement, les artistes n'ont de cesse de lutter contre l'artificialité de leur propre moyen d'expression, pour finir par révéler la nudité des choses. C'est pourquoi on retrouve dans tous les arts la même évolution, qui va de l'inauthenticité du jeu vers la redécouverte de la vie telle qu'elle est – l'histoire de l'art est faite de douloureux cheminements vers la lucidité et les grands artistes sont ceux qui parviennent à arracher à leur médium un nouveau voile, à en rompre un trucage, pour le rendre plus proche de la réalité, de la crudité des comportements humains.

Si tel est le destin de l'art, alors la représentation du baiser se trouve en quelque sorte à mi-chemin, elle marque un sommet ou encore la première maturité d'une forme d'expression – quand celle-ci n'est pas encore lucide. En poésie, ce sommet a été atteint vers le XVIe siècle, à la Renaissance. Pour le roman, c'est au XVIIIe siècle que cette étape a été franchie. En peinture, c'est à la fin du XIXe siècle que la figuration a traversé l'évocation lyrique du baiser. Dans le cinéma, c'est à la grande époque hollywoodienne, de 1934 à 1954, avec ses majors et ses stars inaccessibles, créatures olympiennes s'il en fut, que le baiser a été mis en gloire. Hélas, une fois que chaque art a victorieusement traversé son stade oral, pour ainsi dire, le retour en arrière semble impossible.

Voilà donc une conclusion en forme de billet nostalgique : il ne reste plus aucun art disponible pour exalter la beauté du baiser, car chacune des formes d'expression est aujourd'hui au-delà de ces émotions intermédiaires, douces, et traite de pulsions bien plus profondes et brutales. Nous continuons à nous embrasser, mais nous n'avons plus aucune œuvre vive qui nous y incite ou qui magnifie la chose – le processus d'identification est brisé. Il est possible que plus jamais notre civilisation ne produise l'équivalent de *Basia* de Second, du *Baiser* de Klimt, des *Amants de l'Hôtel de Ville* de Doisneau ou de l'embrassement fougueux d'*Autant en emporte le vent,* pas plus que nous ne nous remettrons à bâtir des cathédrales ou à peindre des coupes de fruits. Mais, à mesure que nous devenons insensibles à la beauté du baiser, nous perdons un frein essentiel à la violence : oublieux de la caresse des bouches, nous ne voyons plus d'inconvénient à nous entre-dévorer. Le niveau de clairvoyance que nous avons atteint n'est peut-être plus compatible avec la tendresse (car il faut s'illusionner sur son prochain pour avoir envie de le cajoler), mais seulement avec la pornographie. Si bien que la première idée qui traverse, de nos jours, l'esprit d'un personnage de roman, d'un héros de cinéma, ou même de n'importe quel mec qui se balade dans la rue, lorsqu'il voit une jolie fille, ce n'est pas « J'ai envie de l'embrasser » mais « J'aimerais bien me la faire ».

XII

Embrasse-moi jusqu'à la fin du monde

Il y eut des baisers volés sur des banquettes de restaurant comme des sacs à main ; il y eut des baisers crachés à la figure d'une inconnue comme des injures ; il y eut ces longs palots brinquebalant sous les lumières glauques d'un wagon de métro ; et ces smacks collés dans la pénombre d'une discothèque, dernière forme de communication quand on ne s'entend plus ; il y eut des baisers lâchés par des lesbiennes pour faire leurs intéressantes ; il y eut des baisers d'intellectuelles interrompus par leurs commentaires idiots ; il y eut aussi ces baisers qu'on n'a pas donnés, par timidité souvent, mais parfois simplement par fatigue ; il y eut ces baisers refusés, suivis de jésuitiques procès d'intention, et ces baisers esquivés avec un rire honteux ; il y eut ces baisers de demoiselle qui ne pouvaient mener nulle part sous peine de « détournement de mineure » ; il y eut toute une gesticulation urbaine, inutile et vaine, pour trouver des réponses à la quête d'amour, infinie, insatiable... Et puis, arrive enfin ce soir lacédémonien où l'on est sincère, et aveugle, et nu, et où l'on pense avoir trouvé, où l'on tient en face de soi un être *humain,* un être *vivant,* une conscience qui mérite d'être visitée. Et tous les autres bisous foutus, urticants, calculateurs et mous s'annulent, disparaissent comme une armée de méduses.

De nouveau, les lèvres sont nues, un violent coup de torchon a été donné sur la table du cœur. Alors, on sent que la saison de l'errance dans les rues tristes, dans les bars bondés, dans les soirées aux sourires en carton-pâte et les lieux publics aux hasards prévisibles est enfin terminée. Grâce à une rencontre, la vie va reprendre un semblant de cohérence, se redresser comme une colonne vertébrale endolorie. Alors, on sait qu'il ne faut pas laisser passer l'occasion – que dis-je, l'occasion ? L'événement.

« Y en a marre de la drague... C'est démocratique, la drague, c'est un sport mondial comme le foot. Les gens s'ennuient tellement, ils se sentent tellement seuls. C'est quoi, un dragueur ? Juste un type qui relève la tête au milieu des zombies, qui a un peu plus d'énergie que les autres, qui n'a pas vidé toute sa libido dans son boulot et qui a encore envie de baiser ! Non, je t'assure, c'est trop facile de draguer. Des meufs, on peut en ramener chez soi par wagons. C'est comme au supermarché, on trouve toujours de nouveaux produits frais dans les rayonnages, suffit de consommer rapidement après ouverture – et d'avoir du fric pour continuer la partie. Mais moi j'en peux plus, je te promets, je cherche autre chose. J'en ai assez de l'à-peu-près, de la fuite en avant... C'est bête à dire, je vais te balancer un gros cliché là, pourtant je voudrais vivre la totale, tu vois : partager ma vie avec une femme, avoir des enfants avec elle, se faire des promesses, se faire confiance, s'aimer...

– Et pourquoi on n'aurait pas ça, nous ? »

Là, je m'arrête un instant. En fait, j'exprimais un vœu plutôt général. En face de moi, il y a une femme brune et bouclée, d'origine ligure, dont la lenteur ressemble à de la paresse ou à de la sensualité.

Ai-je bien entendu ? Maintenant, son regard a tendance à fuir vers la fenêtre de ce restaurant de la rue des Rosiers, loin de la table où sont éparpillés des falafels, des légumes au vinaigre, des assiettes de houmous et des coupelles d'olives. J'avais conscience de lui plaire un peu, mais je ne me serais jamais attendu à une telle repartie, à une proposition aussi énorme, du tac au tac. En même temps, je ne suis pas certain d'avoir bien entendu. La formulation n'était pas *positive,* c'était une insinuation, une question oblique.

« Pardon, tu peux répéter ce que tu viens de dire ?

– Pourquoi on ne tenterait pas ça, nous aussi ? »

Sous-entendu : les projets d'avenir, la vie commune, toute la logistique monumentale du couple...

La Ligure a vraiment le genre de visage qu'ont les statues de l'Antiquité grecque ou romaine. Avec une beauté qui n'est plus tellement au goût du jour : les joues sont arrondies, le front haut et dégagé a quelque chose de martial et d'arrogant, le menton aussi est trop décidé. Seules les lèvres ont un tracé d'une féminité vraiment remarquable, incurvées en leur centre ; elle a une bouche en W, charnue et souriante, presque trop suggestive dans cette face géométrique. Je prends une profonde inspiration.

« Écoute, je n'ai plus tellement faim, là... J'ai envie d'être avec toi. Il y a trop de monde, ici. On sort, on va prendre l'air ?

– D'accord. »

Elle sourit. Elle est rouge maintenant.

Nos assiettes sont à demi pleines, la bouteille de vin n'est qu'à moitié bue, qu'importe : nous nous dirigeons vers la caisse, je demande l'addition. Nous n'échangeons aucune parole durant l'intermède fiduciaire, de peur de rompre le charme. Les clochettes suspendues à la porte tintinnabulent et nous nous retrouvons dans la rue. Les réverbères sont déjà allumés, la nuit est tombée.

Il y a du lierre sur la façade, qui paraît gris à cette heure – un feuillage qu'on dirait cryogénisé. La rue est encore bondée de passants rapides, de voitures qui aimeraient bien les écraser mais roulent au pas.

Nous avançons de quelques mètres, côte à côte. Je lui prends la main, elle s'arrête. Elle porte un manteau de laine à carreaux, blanc et marron, qui appartenait il y a quarante ou cinquante ans à sa grand-mère – détail curieux, que je pourrais aussi bien ignorer, c'est elle qui me l'a dit. Une écharpe blanche enroulée autour du cou. Comme elle a la peau très pâle, ce choix du blanc est moyennement heureux : elle ressemble à un bonhomme de neige ou mieux, on dirait qu'elle sort de chez un marbrier. En outre, son parfum est un véritable signe extérieur de mauvais goût (cadeau d'un ex ?) : il est exagérément sucré, on dirait l'arôme d'un de ces riz au lait à la vanille qu'on trouve dans les bacs des supermarchés. Le genre de parfum dont le seul mérite est de changer une femme en comestible. Toute égérie qui s'en asperge devient immédiatement *miam-miam*.

La cinétique s'est inversée : maintenant, c'est nous qui sommes immobiles et la ville qui tourne autour de nous. Nous nous regardons. Toujours silencieux, car nous voulons mettre bien plus que des mots sur ce qui va suivre.

Et c'est reparti – accroche ta ceinture.

Nous nous embrassons. Ce baiser-là a un goût spécial, pas seulement sur le plan gastronomique : car c'est un « Oui ». Un acquiescement à tout, à la perspective de la conjugalité, de la grossesse, du mariage peut-être, de toutes ces entités monstrueuses qui lestent l'hétérosexualité. C'est un baiser-montagne que nous nous offrons et nous le savons. Il n'a pourtant pas la saveur des pierres. Plutôt celle de la vanille, du lait, des falafels, de la chevelure inouïe de la femme : il a la douceur de la chair. Nos langues jouent avec le feu.

Après ça, rien ne peut décevoir. Si la première nuit est ratée, la seconde sera délicieuse. Ou le contraire. Désormais, nous avons un crédit de journées et de soirées illimité, une véritable *espérance de vie* devant nous. Fini le marché de l'occase, les carambolages superflus, la trouille de partir à la casse : tout va changer, je connaîtrai une nouvelle ivresse et il me faudra supporter de nouvelles chaînes. En fait, je n'ai jamais donné un baiser aussi *conscient.*

« Mais pourquoi tu gardes les yeux *ouverts* ? »

C'est la demande que la Ligure me fera sans arrêt après chacun de nos baisers pendant les semaines, les mois suivants. Et c'est probablement la question que toutes les femmes posent à leurs amants – je ne sais pas, il n'existe pas de statistiques là-dessus. En ce qui me concerne, j'entends cette remarque depuis l'âge des slows : « Arrête, laisse-toi aller, ferme les yeux. »

Comme s'il fallait, pour descendre vraiment dans sa bouche, pour être là tout entier et non ailleurs, éteindre les autres sens, cesser d'écouter la rumeur du monde et surtout ne plus voir.

Certes, les baisers donnés les yeux clos sont plus tactiles, plus savoureux. Ils sont moins poreux aux perturbations du dehors. L'essentiel doit se passer dans la bouche, or, dans la bouche il fait noir, on ne peut inviter ni les caméras ni aucun regard tiers ; c'est un théâtre privé. Dans ce cas, pourquoi continuer à ouvrir grandes les paupières ? Ne risque-t-on pas de manquer le spectacle ?

Parfois, Nouvel Amour préférait en rire. Elle se contentait simplement de me dire, avant de m'embrasser : « Surveille bien, hein. Et préviens-moi s'il y a du danger, si un tueur arrive. On ne sait jamais ! »

Je me suis souvent demandé, à cause de ces doléances féminines réitérées, si garder les yeux ouverts durant le baiser, c'était se comporter en traître. Si c'était un refus de complicité, une manière de ne pas se donner totalement. Je n'en suis pas si sûr. Car il n'est rien de plus beau que les paupières fermées d'une femme qui vous embrasse. C'est merveilleux, éphémère comme une coccinelle qui vous marche dans la paume. Mais pour le voir, quelle autre solution que d'être soi-même aux aguets ?

Et puis, on peut jouer aussi avec ce truc-là. Un des plaisirs du baiser est quand même de fermer les yeux, puis de les rouvrir quelques instants plus tard, trente secondes ou une minute, pour vérifier si l'autre les a lui-même ouverts, ou non. Songez à l'enfant qui se réveille plus tôt que d'habitude au matin de Noël, pour s'assurer qu'il y a des cadeaux sous le sapin. Le cadeau, ce sont les yeux clos de l'être aimé. S'ils sont ouverts, alors c'est nous qui venons de nous offrir sans en avoir conscience.

Furtivement, les amoureux se surveillent, ils se lorgnent pour savoir lequel des deux est le plus impliqué, le plus épris. Quand ces regards anxieux se croisent, s'ils sont parfaitement simultanés, se produit une des plus belles étincelles qui puisse jaillir d'un baiser. Car il s'agit d'une forme de connivence dans la vigilance, qui réconcilie une paire d'espions.

« *Bacino* bilingue. »

(*Bacio*, en italien : « baiser » ; *bacino* : « petit baiser ».)

C'est ainsi que j'ai conclu un jour un mail envoyé à la Ligure, à Nouvel Amour, et cela l'a fait beaucoup rire, c'est revenu entre nous comme une blague, un mot heureux. Et de fait, tous les baisers sont bilingues, qui mélangent deux langues au sens propre et deux univers au figuré. Si les pressions, les pointes et les caresses de la langue, l'expression des lèvres, le jeu des mains, le va-et-vient de la respiration sont autant de *signes*, alors s'embrasser n'est rien moins qu'un *jeu de langage*.

Comme il n'existe aucun traité de grammaire dans ce domaine, la langue du baiser se prête bien aux inventions et aux particularismes. Chacun s'est composé son idiome au gré de ses rencontres, de ses bonheurs, de ses vertiges. À chaque femme, à chaque homme son propre dictionnaire du baiser, dans lequel il peut à son gré faire entrer des néologismes, des grossièretés, des latinismes et des anglicismes, des découvertes scientifiques, s'il en trouve sur sa route. Moment d'échange, c'est bel et bien en s'embrassant qu'on vainc le monolinguisme de ses propres sensations, qu'on construit à deux une nouvelle langue hybride, celle qui n'appartient qu'à une histoire d'amour et une seule.

D'ailleurs, rien de plus salvateur que d'être arraché à son propre monolinguisme, que d'échapper à la malédiction de n'avoir en tête qu'une seule logique, en bouche une seule langue, pour s'ouvrir à la polyphonie du monde. De même que la conversation permet d'éviter l'enfermement dans le cercle de ses propres pensées, le baiser vous sort du solipsisme buccal.

Je t'embrasse.

Ti bacio.

À ce propos, le français recèle une ambiguïté qui n'a guère d'équivalent chez nos voisins. Traditionnellement, chez nous, le terme « baiser » peut signifier « embrasser sur la bouche » tout aussi bien que « faire l'amour ». Lorsqu'on lit les textes du XIXe ou plus encore du XVIIIe siècle, il y a comme une hésitation, un double sens qui germe dans l'esprit du lecteur contemporain : quand les amants se rejoignent et « se baisent », que font-ils au juste ? Cette polysémie est typiquement française : les Anglais distinguent clairement *to kiss* et *to fuck,* les Italiens *baciare* et *scopare,* les Espagnols *besar* et *follar,* les Allemands *küssen* et *ficken.* Le plus ironique est qu'en français, baiser relève désormais d'un registre franchement vulgaire. « J'ai envie de te baiser », « On a bien baisé » : voilà des choses que la plupart des femmes ont horreur de s'entendre dire.

On n'en finirait pas de recenser toutes les contrariétés aigres-douces, les atrocités banales que charrie la vie de couple : de la goutte d'urine sur l'abattant des toilettes aux flammes de la gazinière restées allumées trois heures durant *par ta faute* ; de l'insomnie que l'autre vous fait subir, se tournant et se retournant fébrilement sur le matelas, à la sonnerie du réveil qu'on est bien obligé de partager, même quand on pourrait faire la grasse matinée ; du coup de fil interminable interrompant le déjeuner dominical aux moments volés pour aller consulter à la sauvette ses mails ; des remontrances parce que vous avez oublié de descendre les poubelles aux pulls rétrécis ou déteints dans la machine à laver ; de la fenêtre que vous n'avez pas le droit de laisser ouverte pour éviter les courants d'air au refus d'inviter tel ou tel de vos amis jugé lourd ou prétentieux... Et ce n'est pas la moindre de ces banalités horrifiques que le *baiser du matin*.

Je ne parle pas, bien sûr, des matins de gloire, quand les corps se rapprochent pour une étreinte à la fois énergique et somnambulique, baignant encore dans l'écume des rêves, mais bien de ces réveils lourds et de mauvais augure. Quand une clarté cafardeuse filtre à travers les rideaux, que vous êtes rompu et fatigué dès le saut du lit, qu'il va falloir aller au turbin. Oui, je pense à ces matins où l'on s'embrasse mécaniquement avant de se diriger d'un pas hagard vers la salle de bains. Alors, il est possible que votre haleine soit fétide, lestée par le distillat du vin de la veille, et que la bouche de la bien-aimée, si appétissante hier soir, exhale des relents de camembert et de vieux linge. C'est une endurante bienveillance qui vous sera nécessaire pour ne rien laisser deviner de votre inappétence, voire de votre dégoût naissant, pour donner ce baiser à l'égal des autres. S'il faut à l'amour des preuves, c'en est une.

Parmi les phases délicates de la cohabitation, ne négligeons pas non plus l'action des virus bénins, grippes, angines, toux et rhumes divers qui ponctuent l'hiver. L'un des tourtereaux est malade. Faut-il continuer à s'embrasser ? Pas de jurisprudence clairement établie en la matière. La prophylaxie le déconseille, mais l'amour l'ordonne. Bien timoré l'homme ou la femme qui dédaignerait la bouche de l'autre, sous prétexte qu'il a le nez pris ou un début de fièvre.

Avec une sorte de candeur superstitieuse, j'aurais tendance à penser qu'on ne tombe pas malade, dans ces cas-là, si et seulement si on est authentiquement amoureux. Le sentiment tient lieu d'immunité. De même que le médecin peut voir défiler des patients toute la journée dans son cabinet sans rien attraper, parce qu'il est pris dans un récit – « je suis docteur, c'est mon métier » – qui le justifie, donc le protège et le renforce, de même le conjoint sincère est blindé par sa propre histoire d'amour.

Au cours des premiers mois d'une union, la grippe n'a jamais empêché personne de s'enlacer. C'est plus tard que les frilosités surgissent ; la peur de la contagion gagne du terrain à mesure que le cœur faiblit. Refuser d'embrasser sa femme parce qu'elle se mouche toutes les cinq minutes n'a rien d'indigne, c'est hygiéniquement défendable (« Chérie, j'ai trop de boulot en ce moment, je n'ai vraiment pas le droit de tomber malade. Tu me comprends ? »), mais cela reste de l'ordre de la vilenie, du maintien d'un médiocre quant-à-soi. C'est un affront, quoi qu'en dise le Vidal.

Comment ai-je pu gloser sur le baiser jusque-là sans y faire la moindre allusion ? Il arrive souvent que la bouche de l'autre n'ait pas son goût naturel : arôme chimique d'un chewing-gum, ambre de la nicotine, restes de chocolat, souvenirs d'une fraise Tagada, d'une gaufre au sucre, d'une citronnade, on découvre sur la langue de l'aimée un parfum qui surprend d'abord, puis qui fait sourire et qu'on apprécie. Il se peut même que la gourmandise motive le baiser. Elle vient de lécher une boule de sorbet ? De croquer dans une pâtisserie ? On s'en va fouiller en elle pour en profiter, pour être uni à elle dans ce moment-là, pour lui voler un peu de son plaisir gustatif.

Parfois, il y a plus qu'un simple parfum : en bouche, on trouve *quelque chose*. Un glaçon, dur comme une grosse molaire détachée et gelée. Des miettes de biscuit. Un noyau d'olive, un lambeau d'abricot. Et voici que, pour s'amuser, elle vous pousse d'un coup de langue l'objet plus ou moins identifié dans la bouche, vous vous retrouvez avec un bonbon sucré, une chips ou une cerise sur la langue. Cette chose qui transite entre elle et vous acquiert le statut d'*offrande*. L'offrande n'est tolérable que si l'on s'adore, si l'autre a pour nous quelque chose de l'idole – sans quoi elle est déplacée, voire détestable. Le passage de l'offrande d'un palais à l'autre est comme un test d'amour. On n'accepte pas facilement le chewing-gum d'une inconnue. Le baiser ne se transforme volontiers en bouchée que si les sentiments l'autorisent – sinon, c'est juste sale, comme toujours quand on joue avec la nourriture.

Au début, avec la Ligure (mais ce détail, je l'avais oublié, c'est elle qui me l'a rappelé), je n'étais pas tellement sensible au rite de l'offrande. Je préférais l'esquiver. Chaque fois que nous nous retrouvions – en principe, sur un quai de la gare de Lyon, où elle descendait d'un train en provenance de Milano Centrale – et qu'elle s'immobilisait devant moi, mon premier geste était de lui plonger les doigts dans la bouche, pour en extraire la chiclette. Je jetais le bout de caoutchouc mâchouillé sur le ballast. Cette formalité accomplie, nous pouvions nous embrasser passionnément. Pour moi, l'objet n'était encore qu'un obstacle, un intrus qui aurait gâché le contact tellement attendu de nos langues. Je n'avais pas encore saisi la fonction rituelle de l'offrande, ni la transsubstantiation de l'être aimé dont elle est le vecteur.

C'est sans doute à cause de cette répulsion instinctive, qu'il m'aura fallu tant d'années avant de découvrir le *stade ultime du baiser*. Car, dans l'arsenal de la sexualité, parmi toutes les positions et les combinaisons plus ou moins taboues qu'on explore progressivement, il existe un genre de baiser auquel ne se serait sûrement pas risqué l'adolescent que je fus. Bien plus que le soixante-neuf, la sodomie, les jeux de cordes, les griffures ; oui, bien plus que la cire brûlante, les photographies ou les vidéos faites maison, les étreintes dans des lieux publics, dans des jardins la nuit, des toilettes ou des cages d'escalier ; que dis-je, plus encore que le cunnilingus en période de menstruation, il m'aura fallu une longue expérience pour oser ce geste qui, comme aucun autre, scelle l'entente érotique : quand la femme vient sur vous, conquérante, revancharde, et vous gratifie d'un long baiser, la bouche pleine de votre sperme.

Pourquoi m'aura-t-il fallu attendre si longtemps avant d'y consentir ? Je l'ai d'abord refusé, plusieurs fois, en prétextant que j'étais écœuré à l'idée de me manger moi-même, de recycler ma propre sécrétion. En outre, l'espèce d'abattement suivant l'éjaculation est peu propice aux transgressions. On n'a pas forcément envie d'en rajouter ; on a eu son content.

Certains objecteront peut-être que le *baiser ensemencé* – les Anglais ont un assez joli terme pour le désigner, le *rainbow kiss*, baiser arc-en-ciel (bien que, littéralement, cette expression désigne une variante plus avancée encore, censée mêler le lait de l'homme et le sang de la femme, blanc et rouge) – certains argueront donc qu'une telle pratique n'est qu'une extravagance pour amants blasés et ressemble à un *cercle vicieux*. Je leur donne tort : il y a là une forme de don réciproque extrêmement belle. Mieux : l'objet de l'offrande n'est autre que le plaisir lui-même, l'esprit de la jouissance est transmis de l'un à l'autre par ce truchement.

Désolé d'en finir avec cette note que d'aucuns jugeront, à n'en pas douter, scabreuse. Mais c'était nécessaire : à mes yeux, le baiser est à la fois le stade inaugural et terminal de l'amour. Il en couronne le commencement comme la fin. Il est pieux autant que sacrilège. Sage autant que fou. Organique autant qu'idéal. Humain autant qu'animal. J'ai débuté dans la carrière sentimentale en embrassant, et j'espère aussi conclure par un baiser d'adieu. Nulle morbidité dans ce vœu : le baiser est tout simplement l'alpha et l'oméga de l'expérience amoureuse.

Conclusion

Embrasser n'est pas un acte aussi simple qu'il y paraît de prime abord. Même lorsqu'on ignore tout de son histoire, on sent bien que le baiser recèle un sens caché, qu'il a une portée métaphysique.

On l'a vu, l'aura du geste prend lointainement sa source dans la religion. De sa promulgation comme salut chrétien officiel par Paul de Tarse à son interdiction par Innocent III, le *basium* fut comme une batterie qui s'est chargée un millénaire durant au courant de la foi. Il en a tiré son prestige et son caractère sacré – il figurait parmi les rituels permettant d'unir la terre au ciel. Il a accumulé une énergie peu commune. Après que les ecclésiastiques ont lâché l'affaire, après la décision du pape de le proscrire entre chrétiens, il ne s'est nullement démonétisé, la pratique n'est pas tombée en désuétude pour cette raison que les poètes et les artistes ont pris le relais. De la Renaissance à l'âge d'or d'Hollywood, le baiser a représenté comme la pierre angulaire de toute célébration profane de l'amour. Inlassablement, jusqu'à une période récente, sa puissance a été célébrée par la circulation des mots et des images. Jamais le baiser n'a rejoint la quincaillerie érotique, il n'a pas été remisé au bazar des caresses ordinaires.

Fort bien – mais aujourd'hui, où en sommes-nous ? La théorie du baiser pourrait-elle se renouveler, et sur quelles bases ? Ma conviction est qu'il est possible de dégager les fondements d'un nouvel âge à venir pour cette théorie. En effet, l'enjeu métaphysique de notre siècle naissant est la *préservation*. Désormais, nous ressentons la fragilité des choses, de la planète que nous habitons, de notre œkoumène, mais aussi de notre économie, ou encore de notre humanité – promise à une évolution accélérée, tant sur le plan sociopolitique que spirituel ou génétique. Dans ces conditions, le problème n'est pas de nous préserver du changement, qu'il ait le visage de l'innovation scientifique et technologique ou des cycles chaotiques de l'économie mondialisée, mais de préserver à l'intérieur du changement même les conditions de possibilité d'une existence digne d'être vécue. Le risque est bel et bien qu'après avoir chanté la gloire de la postmodernité et embouché les trompettes de la fin de l'Histoire durant la dernière décennie du XXe siècle, nous nous rendions compte avec effarement qu'à cette phase de piétinement douillet de la modernité occidentale auront succédé des temps obscurs, voire une brutale résurgence de l'archaïque. Avec la découverte de la limitation du monde et de sa fragilité, c'est une guerre sans merci pour la survie, le territoire, la richesse, les ressources disponibles qui va probablement se livrer. Selon le scénario le plus noir, l'humanité pourrait être arrachée au canapé moelleux de la postmodernité pour être renvoyée directement dans la préhistoire, chacun se voyant contraint de disputer sa vie aux éléments déchaînés et aux tribus ennemies.

Or, je trace là naïvement les grandes lignes d'un processus planétaire, comme si cette lutte se déroulait en dehors de nous, sur le terrain global de la politique et de l'Histoire. Mais il n'en est rien. Car l'Histoire est faite de la matière même de nos vies. *C'est en chacun de nous que le combat a lieu.* Rarement le vernis de la civilisation aura été si mince, et nous sommes tous le siège d'une lutte interne entre nos pulsions les plus archaïques – dévorer l'adversaire, le broyer, le posséder – et notre capacité de désintéressement, de compassion, de sublimation. Nous avons à nous prémunir contre la violence qui bouillonne au fond de nous comme dans un chaudron, attisée par le stress général et l'épuisement de notre civilisation.

Ne l'avez-vous pas remarqué ? Ne sentez-vous pas qu'un vent glacé souffle sur les relations humaines ? Que l'air du temps encourage le choc davantage que la caresse ? Dans les rues, lors des embouteillages aux heures de pointe mais aussi sur les trottoirs flâneurs des après-midi de dimanche, dans les files d'attente des supermarchés, dans les bureaux en *open space,* la violence infuse, circule, n'attendant qu'un prétexte pour jaillir. Et il suffit vraiment d'un rien, qu'un chauffard nous brûle la priorité, qu'une ménagère aux cheveux décolorés nous double en se dandinant vers la caisse les yeux en l'air, qu'un collègue nous assène un sous-entendu persifleur au milieu d'une réunion et l'injure est déjà là, sur le bout de nos lèvres, nos poings se serrent dans nos manches et nos dents luttent les unes contre les autres dans le secret de nos bouches. Notre colère rentrée ne demande qu'à sortir.

Considéré sous l'angle de la préservation, le baiser n'a plus rien de mièvre ; il se laisse de nouveau saisir, au contraire, comme une urgence. En cultivant le goût du baiser – qui pourtant nous paraît trop romantique, à nous autres hommes du XXIe siècle, trop mouillé, pas assez jouissif, légèrement fané – en continuant d'apprécier, contre notre propre *hubris* pornographique, cette manifestation de tendresse, c'est de la meilleure part de nous-mêmes que nous prenons soin.

Vous rappelez-vous ces contes qu'on vous racontait autrefois, sur votre lit d'enfant ? L'astuce est archiconnue. Une grenouille prend à partie une princesse et lui demande un bisou. La princesse refuse, se dérobe, mais devant l'insistance du batracien sagace, finalement elle se penche, partagée entre générosité et dégoût, donne le bécot et... pouf, l'animal se transforme en prince. Une interprétation possible de cette scène, c'est que le baiser rompt le fossé entre les classes sociales et aplanit les hiérarchies entre les êtres. Si repoussant, si étrange que me paraisse autrui au premier abord, il suffit que j'unisse mes lèvres aux siennes pour lui conférer un statut d'égal. Le baiser est le geste par lequel je te reconnais comme un autre moi. Il abolit la distance. « Tu es un *même* », dit celui qui consent à embrasser. Et ils sont rares, ces actes susceptibles de me surprendre en me révélant l'humanité que je ne voulais plus voir en l'autre.

Conscients de ce pouvoir, nous comprenons que la vie amoureuse n'est pas seulement un drame privé, mais qu'elle est branchée sur le destin du monde : nos sentiments sont l'écho de la métaphysique spontanée dans laquelle nous baignons. Désormais, l'humanité est seule en charge d'elle-même, les dieux ont déserté le ciel et il n'y a plus de croyances communes ni d'idéologies pour indiquer la voie du futur : dans cette situation de vertige cosmique, de panique virale, dans un tel face-à-face avec le fantasme de l'Apocalypse, il n'est pas absurde et, qui plus est, pas désagréable, de s'en aller cueillir chaque fois que nous le pouvons, sur les lèvres d'une personne aimée, quelques instants de bonheur.

Post-scriptum. Qu'est-ce, déjà, qu'un *happy end* ? Mais vous le savez, bien sûr... C'est ce moment tant attendu où les héros, après avoir surmonté bien des épreuves et des souffrances, s'embrassent tandis qu'à l'écran apparaît le mot :

FIN

Biographie de l'auteur

Né en 1975, Alexandre Lacroix vit à Paris. Il est directeur de la rédaction de *Philosophie Magazine* depuis sa création en 2006, enseignant à Sciences Po Paris. Il a publié de nombreux romans et essais, notamment chez Flammarion :

Essais

Le Téléviathan, Flammarion, coll. « Café Voltaire », 2010.
La Grâce du criminel, Presses universitaires de France, coll. « Perspectives critiques », 2005.
Se noyer dans l'alcool ?, Presses universitaires de France, coll. « Perspectives critiques », 2001.

Romans autobiographiques

L'Orfelin, Flammarion, 2010.
Quand j'étais nietzschéen, Flammarion, 2009.
De la supériorité des femmes, Flammarion, 2008.
Premières Volontés, Grasset, 1998.

Fictions

Un point dans le ciel, Flammarion, 2004.
La Mire, Flammarion, 2003.
Être sur terre, et ce que j'en retiens, Calmann Lévy, 2001.

Table des matières

Achevé d'imprimer en juin 2011 sur les presses de l'imprimerie Corlet
à Condé-sur-Noireau (Calvados), France, pour le compte des Éditions Autrement,
77 rue du Faubourg-Saint-Antoine, 75011 Paris.
Tél. : 01 44 73 80 00. Fax : 01 44 73 00 12.
N° d'imprimeur 138427
ISBN : 978-2-7467-3047-2
Dépôt légal : septembre 2011. Imprimé en France.